매일 너에게 반해 [썸]

초판 1쇄 인쇄 2018년 11월 20일
초판 1쇄 발행 2018년 12월 01일

지은이 김유진
발행인 조상현
마케팅 조정빈
편집인 김주연
디자인 Design IF
펴낸곳 더디퍼런스

등록번호 제 2018-000177 호
주소 경기도 고양시 덕양구 큰골길 33-170
문의 02-712-7927
팩스 02-6974-1237
이메일 thedibooks@naver.com
홈페이지 www.thedifference.co.kr

ISBN 979-11-6125-141-7 (03190)

※ 일러두기
일부 신조어(읽씹, 썸, 단짠단짠 등) 및 구어체(남친, 먹방, 빠빠이, 심쿵 등) 표현이 사용되었음을 밝힙니다.

Daily
Series
14

매일 너에게 반해 [씀]

김유진 지음

'톡'이 '글'이 되는 시간

더디퍼런스

모두 좋아하는 것을
쓰고 있더라!

이 책은 말과 글에 어려움을 겪고 있는 여러 사람들과 만나면서 기획되었다. 누군가의 보살핌을 받지 못해 말과 글의 따뜻함을 경험해 보지 못한 사람, 삶의 방황 속에서 자신의 말과 글을 미처 챙기지 못한 사람, 신체에 장애가 있어 말과 글을 배울 기회가 적었던 사람, 여러 사람을 향한 말과 글에는 능숙하지만 한 사람을 위한 말과 글은 가치 없다고 생각하는 사람, 말과 글에 유난히 가시가 많은 사람, 장황하고 과장된 말에 익숙해져 작은 언어가 주는 기쁨을 모르는 사람, 수십 권의 책을 내고 몇 백 건의 강의를 하면서도 정작 가까운 사람의 말과 글 때문에 고통 받는 사람들이 가르쳐 준 것들을 담았다.

필자를 포함해 이 같은 어려움을 겪지 않는 사람은 세상에 없다. 문제의 색깔은 달라도 말과 글에 한해 누구나 가지고 있는 문제이다. 그렇다고 그 고통을 계속 끌어안고 살아가는 건 아니다. 각자의 치유처가 있는데, 바로 '사랑하고 좋아하는 사람의 말과 글'이다. 이성이든 동성이든 나이에 상관없이 나를 잘 알아주는 이, 나를 웃게 하는 이, 때로 나를 가슴 아프게 하지만 나를 가슴 뛰게 하는 이의 말과 글이 우리를 치유한다. 또한 우리 자신도 누군가를 그렇게 해 줄 수 있다. 그러나 그 약은 공짜로 주어지는 것이 아니라, 노력한 자만 얻을 수 있다.

우리는 어떤 '말'을 듣고 싶어 한다. 또 어떤 '글'을 읽고 싶어 한다. 특히 자신의 존재를 알아주는 말과 글, 그중에서도 사랑스럽고 다정하면서도, 진실한 것을 기다린다. 태어나면서부터 받은 엄마의 말과 글은 우리의 마음이 되며, 선생님과 친구들의 것은 힘과 성장의 발판을 만들어 준다. 난생 처음 나를 가슴 뛰게 했던 사람의 말과 글은 어떤가. 어떤 누구의 것보다 나를 빛나게 해 주며, 삶의 위로가 된다. 반면 나를 가장 밑바닥까지 끌어내리는 최악의 말과 글이 되기도 한다.

사랑을 눈빛만으로 할 수 있다면 얼마나 좋을까? 아무 말 하지 않아도 서로의 마음을 알 수 있다면 매일 치르는 말과 글의 전쟁에서 벗어날 수 있을 것이다. 그의 말과 글에 매순간 널뛰는 내 마음도 어찌

해 볼 수 있고 말이다. 소통할 수 있는 도구가 지금만큼 다양한 시대가 있었을까? 하지만 소통하는 방법이 다양해졌다고 해서 말을 잘하고, 글을 잘 쓸 수 있는 것은 아니다. 그러니 우리는 매일 이렇게 걱정할 수밖에. '애써 쓴 기나긴 문자 메시지를 그가 다 이해했을까?', '내 말을 듣고 있기는 한 걸까?', '내 말에 기분 나쁘면 어떡하지?' 등 끝도 없는 말과 글의 불안에 사로잡혀 있다.

우리는 좋은 '말'을 듣고 싶어 한다. 또 좋은 '글'을 읽고 싶어 한다. 우리가 좋아하는 사람도 마찬가지이다. 말과 글 때문에 우리와 똑같이 기뻐하고 상처받는다. 이 책은 그런 둘 사이에 오가는 말과 글을 생각하고 다듬어 보는 책이다. 좋아하는 사람과 말과 글을 잘 나누고 싶어서 이 책을 읽고 있다면, 말과 글을 잘하는 이들의 공통점을 한 가지 알려 주고 싶다. 귓속말로, 당신에게만!
"그들은 모두 좋아하는 것을 쓰고 있더라."
연애라는 특별한 경험 속에서 배우는 말과 글, 지금부터 시작해 본다.

김유진

목차

1장

읽씹 당하지 않는
짧은 문장

무슨 뜻인지 알지?
아, 뭐래!

자기 전에 이불킥 금지

언어는 왜 배워야 할까? 어릴 때부터 언어를 으레 배우기만 했지 왜 배워야 하는지 깊이 생각해 본 적은 별로 없다. '언어'라고 하면 고작 영어 학원, 외국어 영역, 언어 영역, 토익, 토플만 생각나니 언어에 대한 우리의 생각이 긍정적일 수가 있겠나. 그런데 여기 언어를 배워야 하는 중요한 이유가 하나 있다.

"억울한 일 당하지 않으려고!"

인생은 입장 전쟁의 연속이다. 나의 입장과 너의 입장만 존재할 뿐이다. 하지만 인생이 어디 그런가. 살면서 억울하고 속상하고 안타깝고 끝끝내 잊히지 않는 일들이 얼마나 많은지 헤아릴 수도 없다.

살아가면서 깊이 있는 말과 글을 주고받는 첫 상대는 부모도 아니고 소꿉놀이하던 친구도 아닌, 나를 설레게 한 누군가이다. 이성이나 동성, 나이에 상관없이 나의 가슴을 뛰게 하고 웃게 하며, 끝내는 가장 크게 울리는 사람이다.

돌이켜 보자. 우리는 그 사람들과 말과 글을 잘 나눴을까? 아마 엉망진창이었을 것이다. 매번 나만 손해 보는 것 같아 억울했으며, 혼자만 애를 태운다고 생각한다. 하지만 단언하건데 상대도 매번 그러했다. "내 말 무슨 뜻인지 알지?"라고 묻고 또 물어보아도, 언어의 평행선은 좁혀지지 않고 애간장만 녹았을 뿐이다.

상대방의 말과 글을 잘 이해한다는 것은 그의 마음을 알아주는 일이다. 또한 내 말과 글을 잘 표현하는 것은 나의 마음을 잘 드러내는 일이다. 자, 지금부터 그 연습을 해 보자. 더 이상 억울하지 않게! 그 사람과 잘 만나기 위해! 자기 전에 이불킥을 날리지 않기 위해 연애 독해력을 단단히 키워 보자.

너에게 반해, 씀

다음 글을 읽고, 주인공 '나'를 좋아하는 점순이의 마음을 처음으로 알 수 있는 문장을 골라라.

① "이놈아! 너 왜 남의 닭을 때려죽이니?"

"그럼 어때?"

하고 일어나다가,

② "뭐 이 자식아! 누 집 닭인데?"

하고 복장을 떠미는 바람에 다시 벌렁 자빠졌다. 그리고 나서 가만히 생각을

하니 분하기도 하고 무안도스럽고, 또 한편 일을 저질렀으니, 인젠 땅이 떨어

지고 집도 내쫓기고 해야 될는지 모른다.

나는 비슬비슬 일어나며 소맷자락으로 눈을 가리고는, 얼김에 엉 하고 울음을

놓았다. 그러나 점순이가 앞으로 다가와서,

③ "그럼 너 이담부텀 안 그럴 테냐?"

하고 물을 때에야 비로소 살길을 찾은 듯싶었다. 나는 눈물을 우선 씻고 뭘 안

그러는지 명색도 모르건만,

"그래!"

하고 무턱대고 대답하였다.

"요담부터 또 그래 봐라, 내 자꾸 못살게 굴 테니."

"그래 그래 이젠 안 그럴 테야!"

④ "닭 죽은 건 염려 마라, 내 안 이를 테니."

그리고 뭣에 떠다 밀렸는지 나의 어깨를 짚은 채 그대로 퍽 쓰러진다. 그 바람

에 나의 몸뚱이도 겹쳐서 쓰러지며, 한창 피어 퍼드러진 노란 동백꽃 속으로

폭 파묻혀 버렸다.

알싸한, 그리고 향긋한 그 냄새에 나는 땅이 꺼지는 듯이 온 정신이 고만 아찔

하였다.

"너 말 마라!"

⑤ "그래!"

조금 있더니 요 아래서,

"점순아! 점순아! 이년이 바느질을 하다 말구 어딜 갔어?"

하고 어딜 갔다 온 듯싶은 그 어머니가 역정이 대단히 났다.

점순이가 겁을 잔뜩 집어먹고 꽃 밑을 살금살금 기어서 산 아래로 내려간 다음

나는 바위를 끼고 엉금엉금 기어서 산 위로 치뺄지 않을 수 없었다.

_김유정 〈동백꽃〉 중에서

정답 ③
점순이는 '나'가 닭을 해한 일을 부모님에게 이를 생각이 전혀 없다. 이미 마음속으로 용서
했지만, 저렇게 말함으로써 '나'에게 자신을 어필(?)하고자 함이다. 사실 이 문제의 정답은
점순이만 알고 있다.

연애하는데 독해력은 왜 필요할까?

1 상대의 말과 글을 잘 읽고 그의 마음을 조금이나마 이해하기 위해

2 그의 말이나 글에 일 초 간격으로 널뛰는 내 감정을 다스려 보려고

3 즉흥적으로 문자 메시지를 보내 놓고 금세 후회하지 않으려고

4 그가 쓴 긴 메시지를 읽고 요점을 잘 파악하기 위해

5 말싸움할 때마다 밀리는 자신이 싫어서

6 간단한 말에 두 겹 이상의 의미를 덧붙이지 않으려고

7 "너랑은 도대체 말이 안 통해."라는 말을 듣기도 하기도 싫어서

8 하트 뿅뿅 6개월이 지나고, 진짜 연애 기간에 들어갈 때 도움 되라고

9 그의 마음과 내 마음이 진짜인지 알고 싶어서

10 독해력은 다른 인간관계에도 도움이 되니까!

썼다 지우고,
썼다 지우고

말도 될 수 없고, 글도 될 수 없다면 차라리

스무 살 갓 넘은 남자 둘이 카페에 앉아 뭔가 심각해 보인다. 남자A가 남자B
에게 휴대 전화를 건네며 시크하게 말했다.

"네가 한번 봐 봐."

휴대 전화에는 메시지 창이 열려 있다. 누군가와 나눈 대화인 모양이다. 남
자A가 재촉하듯 물었다.

"어때?"

남자B는 아무 말 없이 진지하게 메시지를 읽어 내려 갔다. 잠시 뒤, 남자B가
남자A에게 휴대 전화를 건네며 어렵게 입을 뗐다.

"얘가 너 안 좋아하는 것 같은데?"

그 한 마디에 남자A 얼굴이 일그러졌고 풀이 죽어 말했다.

"그치? 나도 그런 것 같아."

남자B가 다시 한 번 단호하게 말했다.

"응!"

남자B는 대단한 독해력의 소유자일까? 친구가 좋아하는 사람과 나눈 짧은 메시지를 보고, 상대방의 마음을 한 번에 간파할 정도라니.

'아, 저거 잘못 읽은 거면 어떡하지? 상대방이 A를 좋아하는 거면?'

쓸데없는 참견을 속으로만 하다가, 문득 인스턴트 메시지를 보고 누가 자신을 좋아하고 싫어하는지 읽어 내야 하는 시대가 서글퍼졌다. 과거 교통수단이나 통신수단이 발달하지 않았던 시절, 사람들은 어떻게 연애를 했을까? 직접 가서 문을 두드리거나 긴 글을 주고받았겠지. 그 마저도 기회가 없으면 집안이 정해 주는 사람과 혼사가 오가는 것을 그냥 지켜보는 수밖에.

요즘은 통신수단의 발달로 연애 생활에 급격한 변화가 왔다. 그중에 가장 큰 변화는 모든 소통이 실시간으로 '문서화'되는 것. 어릴 때부터 문자 메시지로 소통해 온 젊은이들은 문자 해독 능력이 무척 뛰어나다. 상황에 대처하는 속도감과 유연성도 탁월하다. 그들만의 문법이 존재하기 때문이다.

그런데 이 문자 메시지를 말이라고 해야 할까, 글이라고 해야 할까? 문자 메시지는 말도 될 수 없고 글도 될 수 없는, 제3의 언어이다. 말이라고 하기에는 감정 전달이 덜 되고, 글이라고 하기에는 가끔 즉흥적이다. 그래서 이 언어는 수많은 장점에도 불구하고, 결정적인 단점 때문에 우리 연애사의 발목을 잡을 때가 많다. 그래서 이 제3 언어를 한 편의 '글'로 변신시켜 보기로 했다. 변신과 동시에 그것을 잘 쓰고 이해하는 방법을 알아야 한다.

너에게 반해, 쓰

우리말 문장의 끝은 참 다채롭다. 다양한 종결 어미(문장을 끝내는 말)를 이용한

문장들을 살펴보자.

다양한 종결 어미

① -십시오   ② -으오

③ -소   ④ -는구나

⑤ -는구려   ⑥ -ㄴ가

⑦ -리다   ⑧ -려무나

1. 상대방이 원하는 것을 아주 흔쾌히 들어주고 싶을 때

그대가 원한다면 그렇게 하십시오.

내 기꺼이 하겠소!

그렇게 하구려. 나는 좋소.

네 생각이 그렇구나. 나도 좋아.

당신이 그걸 원하는구려. 나는 몰랐소.

그대 정령 그걸 원하는가?

내 그리 하리다.

네 뜻대로 하려무나.

2. 말만 잘하면 상대방의 화가 금방 풀릴 것 같을 때

어떤 벌이든 내리십시오. 저는 이미 마음의 준비가 되었습니다.

용서해 주구려. 그대의 용서만이 내가 살 길….

어찌해야 당신 마음이 풀릴까 뜬눈으로 밤을 지새웠건만 내게는 방법이 없소.

내 00이의 마음을 잘 모른 채 이토록 잘못을 저질렀구려.

제발 무슨 말이라도 해 주구려. 욕이라도 좋소.

문자 메시지가 '글'이 되기 위하여

① 상대방의 문자 메시지를 잘 읽은 뒤에 내 이야기를 하자.

대화할 때 경청이 중요한 것처럼, 문자 메시지를 주고받을 때도 상대의 문자를 꼼꼼히 읽는 게 중요하다. 특히 둘 다 날이 잔뜩 서 있을 때는 더욱 조심! 문자 잘못 보냈다가 큰 싸움 나는 경우가 의외로 많다.

② 똑같은 문장 구조와 단어만 쓰지 말자.

똑같은 사람을 계속 만나면 편안하고 안정감을 느끼지만, 반면 점점 지루해진다. 거기에 늘 같은 패턴의 문장과 단어를 쓴다면 얼마나 재미없을까? 같은 말이라도 내가 쓰지 않았던 문장이나 단어를 써 보면 감정이 새록새록 되살아난다.

③ 휴대 전화 화면을 다 채울 만한 긴 문장은 피하자.

퇴고를 해서 보낸다고 해도, 극도로 감정적인 내용일 확률이 높다.

④ 문법에 맞게 쓰라는 말은 않겠다.

문자 메시지의 묘미는 언어 파괴와 애교에 있으니까. 다만, 기본 맞춤법은 조금 지키기로! 특히 진지한 말이 오갈 때 맞춤법을 틀리면 기분이 확 깬다는 많은 여성들의 증언이 있었다.

⑤ 문제가 생겼을 때 문자 메시지로 해결하지 말 것!

문자 메시지로 시작했다가도 이게 아니다 싶으면 즉시 중단하고 만나거나 통화로 이야기한다. 그것이 최선이다.

'나는'으로 시작해서
'입니다'로 10답법

나의 바닥을 알아 가는 과정

연애 좀 해 본 사람들은 안다. 연애란 말과 글의 가혹한 전쟁임을. 거기다 자기 자신을 뼈저리게 알아 가는 시간임을. 연애할 때는 유독 보기 싫은 제2, 제3의 본인이 자꾸만 튀어나온다. 그러니 "내가 너를 만나 이렇게 된 거야!"라고 말해 봤자 본인은 정확하게 알고 있다. 누굴 만나도 언제든지 나올 '제2, 제3의 나'는 결국 같다는 사실을.

돌아보면 뭔가 대단히 큰 일이 없는 한, 우리의 연애 패턴은 비슷비슷하다. 상대의 이름만 다를 뿐, 그동안 연애한 사람들을 일렬로 세워 놓으면 주요 공통점이 나오고, 그 속에서 날것의 나도 함께 소환된다.

그러니 누군가를 만나면서 나란 사람은 대체 어떤 인간인지 아는 게 연애의 가장 중요한 핵심이라 하겠다. 나를 안다는 것은 내가 무엇을 좋아하고 무엇을 싫어하는지 분명히 아는 것이다. 또 어떤 일에 기뻐하고 힘들어하는지도.

연인 관계는 다른 사람과의 관계보다 조금 더 열정적이고 친밀도가 높다. 그러니 이 관계에서 발견되는 '나' 또한 다른 관계에서 드러나는 나와는 조금 다르다. 그렇다고 연애할 때 드러나는 '나'만 진짜 나라는 뜻은 아니다. 그럼 연애를 안 하는 사람은 어쩌란 말인가. 다만 연애라는 특별한 경험 속에서 나를 발견하는 일은 꽤 흥미로운 일이며, 어떤 관계에서도 맛보지 못한 '나'를 만날 수 있는 좋은 기회이다. 그러니 연애할 때는 상대방의 말과 글에만 집중하지 말고, 내가 하는 말과 쓰는 글도 세심하게 관찰해 보자. 그리고 '나란 사람이 이런 사람이구나.' 하고 순간순간 알아차릴 것.

너에게 반해, 쓰

1. 나의 과거, 현재, 미래를 보여 주는 3개의 단어를 써 보자!

2. 주어와 서술어를 이용한 간단한 문장으로 나를 정리해 보자.

일, 여행, 취미, 음식, 집, 가족, 건강, 패션 등의 특정 단어를 생각하며 나를 정의해 본다.

① 나는 　　　　　　　　　 입니다. (또는 합니다)

②

③

④

⑤

3. 내가 무엇을 좋아하는지 찾아 주는 질문

① 그 사람의 어떤 점이 좋아?

② 고백을 하는 게 좋아, 받는 게 좋아?

③ 문자 메시지, 통화, 직접 만남 중에 가장 마음이 편한 것은?

④ 둘이 있을 때 어떤 대화를 하고 싶어?

⑤ 둘만 만나는 게 좋아, 다 같이 만나는 게 좋아?

⑥ 그 사람 버릇 중에 가장 싫은 게 뭐야?

⑦ 그 사람에게 가장 바라는 점이 뭐야?

⑧ 그 사람과 만날 때 나를 가장 행복하게 하는 점은?

⑨ 그 사람과 만날 때 나를 가장 힘들게 하는 점은?

⑩ 헤어진 경험이 있다면, 그때 무엇이 가장 아쉬웠어?

'너는'으로 시작해서
'합니다'로 10답법

너의 '최고'를 발견하는 일

어떤 사람이 아버지의 장례식장에서 영정 사진을 물끄러미 올려보다가, 아버지가 좋아하는 음악을 틀고 싶었다고 한다. 그런데 아무리 생각해도 아버지가 어떤 노래를 좋아하는지 모르겠더란다. 노래는커녕 아버지가 좋아하는 어떤 것도 몰라서 더 힘들고 슬펐다고 말한다.

상대를 안다는 것은 무엇을 좋아하고 싫어하는지 안다는 의미일 거다. 이때 다른 사람을 알기 위한 최고의 방법은 '관찰'이다. 세심한 관찰은 상대에 대한 새로운 관점을 길러 주고, 상대방조차 몰랐던 것을 발견해 줌으로써 둘의 관계를 돈독하게 해 주는 연애 최고의 도구이다.

관찰을 잘하는 첫 번째 방법은 상대방이 힘들 때 어떤 행동을 보이는지 아는 것이다. 프로이트에 의하면, 사람은 힘들 때(스트레스나 외부의 위협 등등) 스스로를 보호하는 본능이 모두 다르게 나타난다고 한다. 그러니 이것을 알아주는 센스야말로 연애의 기본 아니겠는가. 두 번째 방법은 상대가 진짜 좋아하는 것과 좋아하는 '척'하는 것을 구분해야 한다. 썸을 지나 연애 안정기에 들어서면 껍데기가 하나둘 벗겨지고, 어떤 게 진짜 모습인지 서로 헷갈리는 지경에 이른다. 그런데 자신의 변화는 자연스럽게 받아들이면서, 상대방의 껍데기가 벗겨지는 것은 인정하지 못한 채 "넌 변했어!"라는 말로 전쟁을 선포한다.

상대방이 진짜 좋아하는 것을 알고, 어떤 순간에 행복을 느끼는지 알기 위해서는 스스로를 꾸미지 말아야 한다. 아무리 꾸며 봤자 어차피 얼마 못가 드러나게 되어 있다. 꾸미지 않고 본래 모습대로 대해야, 상대방도 판단을 빨리 할 수 있다. 계속 만날지, 빠빠이 할지.

너에게 반해, 씀

남녀 관계를 떠나 한 사람과의 만남과 인연은 소중하고 뜻있는 일이다. 그래서 연애는 우리가 생각하는 것보다 그리 가벼운 일이 아니다. 앞으로 얼마나 많은 사람과 사랑하고 헤어질지 모르지만, 한 사람 한 사람을 가벼이 여기지 않고 그를 잘 관찰하고 그의 최고를 발견해 주는 것 또한 연애, 아니 관계의 예의이다. 상대를 관찰하고 발견하면서, 또 관찰당하고 발견당하면서 우리는 성장해 나간다. 진짜 어른으로. 진짜 사람으로.

상대가 다음 상황에서 어떤 말이나 행동을 보이는지 써 보자.

잘 모르겠다면 이제부터 관찰해 보자.

그(그녀)는 기분이 좋을 때   합니다.

그는 뭔가를 받았을 때   합니다.

그는 행복한 기분이 들 때   합니다.

그는 화가 났을 때   합니다.

그는 스트레스를 받을 때   합니다.

그는 당황했을 때   합니다.

그는 뽀뽀하고 싶을 때   합니다.

그는 뭔가 할 말이 있을 때   합니다.

그는 배가 고플 때   합니다.

♥상대를 잘 관찰하는 방법

① 상대방의 말과 글보다는 행동에 무게를 두고 관찰한다. 사랑은 '동사'로 한다는 말이 있다. 말과 글은 꾸밀 수 있지만, 행동은 몸으로 하는 것이기에 꾸미기 어렵다.

② 상대를 관찰하기 위해서는 그가 하는 말을 잘 들어 보아야 한다. 조용히 귀담아 듣되, 말을 끊지 말고 집중하여 듣는다. 듣기만 하지 말고 적당한 리액션은 필수!

③ 짧은 시간에 한 사람을 판단하기는 어렵다. '나는 한 번 아니면 아니다.'라는 생각은 금물이다. 시간을 들여 관찰하는 것이 좋다. '첫눈'에 반하는 것도 좋지만, 열 번 만나고 반할 수 있다는 경험자들의 말을 믿어라.

우리만의
연애 용어 총정리

뜨아, 정말 그렇게 생각한단 말이야?

언어가 있어서 다행이라고 느낀다면 그게 언어의 기능이라고 생각하면 된다. 우선 새로운 정보나 개념을 알기 위해 언어가 필요하다. 백화점에 가서 마음에 드는 옷을 만지작거리며 "이거 세일해서 얼마예요?"라고 물었을 때 점원이 "손님, 이 옷은 30퍼센트 할인 들어가서 268,000원이에요." 헉, 가격 듣고 돌아설지언정, 그게 바로 언어의 지시적(정보적) 기능이라는 점을 기억하자.

또 남친이나 여친이 "술 조금만 마셔."라고 말하는 것은 명령적 기능(이건 싫은 기능), "아, 술맛 좋다."라고 감정이나 기분을 말하는 것은 정서적 기능이다. 술에 취해 눈을 찡끗대며 "내가 너 사랑하는 거 알지?"라고 말하는 것은 친밀한 관계 유지를 위한 친교적 기능 되겠다.

언어의 기능 중 가장 중요한데, 연애할 때 의외로 잘 쓰지 않는 기능이 있다. 바로 '지시적 기능'이다. 예를 들어 상대방에게 "자기는 '바람'의 기준이 어디까지라고 생각해?"라고 물어보자. 남녀의 성별 차이, 경험과 선입견의 차이, 기존 사회가 강요하는 가치관 등에 따라 각양각색의 답변이 난무할 것이다. 그렇지만 그렇게 물어보지 않으면 "뜨아, 정말 그렇게 생각한단 말이야?"라고 말할 일이 계속해서 생길지도 모른다.

모든 사람들의 가치관을 일일이 알 필요는 없지만, 적어도 내 애인이 생각하는 '○○'은 알아야 하지 않을까? 그가 생각하는 연애, 스킨십, 바람, 질투, 결혼, 돈, 성공, 예쁨과 잘생김의 기준은 무엇일까? 가치관을 일치시키라는 말은 아니다. 다만 내가 그의 가치관을 알고 그것을 감당할 수 있으면 된다. 가치관을 일치시키라고 강요하는 건 폭력이지만, 수긍하고 감당할 수 있으면 사랑이다. 연애에는 한끝 차이인 것이 참 많다.

 너에게 반해, 썸

하루 수십 통의 메시지가 오가는 동안 매번 진지한 건 싫다. 갑자기 "자기는 '사랑'이 뭐라고 생각해?"라고 묻는다면 얼마나 황당할까? 황당하다 못해 생각이 너무 많은 우리 애인은 별의별 생각을 다할지도 모른다. '내가 뭐 잘못했나?', '헤어지자는 말인가?', '얘, 뭐니. 뭐가 이리 훅 들어와.' 이렇게 상대방에게 '뜬금이'같은 인상이나 불안감 조성하지 말고 은근히 자연스럽게, 적재적소, 굿 타이밍을 잡으란 말이다. 어떻게?

우선 자신이 생각하는 연애 용어를 정리해 보자.
단, 사전적 의미는 넣어 두고, 자신이 생각하는 기준이나 허용 범위를 쓴다. 말로 하거나 생각만 해도 된다.

연애   **사전적 의미〉** 남녀가 서로 그리워하고 사랑하다.

스킨십 **사전적 의미〉** 피부의 상호 접촉을 위한 애정의 교류. 우리말로 살갗 닿기, 피부 접촉.

바람   **사전적 의미〉** 몰래 다른 이성과 관계를 가짐(여기서 말하는 '관계'가 모호. 사람마다
         생각이 엄~청 다름.)

썸   **사회적 의미〉** 서로 좋아하고 관심이 있는데, 아직 "사귀자."라는 말을 분명하게 하지 않은
        관계이다.

6일

내 마음
단짠단짠하게

입으로만 나불대지 말고

순식간에 사람들의 이목을 집중시키는 언변은 인간사에 꽤나 도움이 되는 능력이다. 알고 있는 한 가지를 열 개로 만들어 떠드는 능력, 이것은 신이 주신 보너스가 아닐지. 단, 밑천을 들키기 전까지만.

안타까운 건 열 개를 알아도 한 가지조차 제대로 말하지 못하는, 능력도 인기도 없는 사람들이다. 그들이 아무리 지루하고 하품 나게 해도, 끈질긴 인내심을 발휘해서 그 사람의 참모습을 발견하고 "유레카!"를 외치면 좋겠는데, 그건 쉬운 일이 아니다.

연애도 마찬가지다. 얼굴이 중요하다고들 하지만, 얼굴이 좀 안 되어도 말 잘하고 표현력이 좋으면 연애도 능숙하다. 그렇지만 말 잘하는 것은 어디 쉽나? 스피치 학원에 다닐 수도 없고, 끈적끈적한 멘트를 날려 볼까 하다가도 그것도 하던 사람이나 하는 거라고 풀이 죽는다면, 반(半)언어와 비(非)언어를 써 보시라.

반(半)언어는 언어의 반쪽이라는 뜻이다. 사람이 말을 할 때 도와주는 애들, 즉 억양, 어조, 강약, 말의 속도, 음색 등이다. 타고나는 음색은 불가능하더라도, 억양이나 어조, 강약은 얼마든지 스스로 조절할 수 있다. 남녀가 싸울 때 기어이 던지고 마는 독한 언어 때문에도 상처를 받지만, 반언어 때문에도 깊은 생채기가 난다.

큰 빚을 갚아 준다는 속담을 제외하고는 말과 관련된 속담은 죄다 말을 조심하라는 충고뿐이다. 말은 해서 약이 되는 것보다 독이 되는 경우가 많음을 일찌감치 아셨던 게지. 썸 탈 때나 연애할 때 말과 행동 중에 하나를 봐야 한다면 당연히 '행동'이다. 말은 마음을 반영할 때도 있고 아닐 때도 있지만, 행동은 마음을 '거의' 반영한다. 그래서 연애할 때는 나의 손짓, 몸짓, 표정, 자세 같은 비(非)언어를 최대한 이용하고, 상대방의 것도 잘 관찰해야 한다.

사랑한다는 백 마디 말보다 한 번의 눈빛 교환과 토닥임이 '심쿵' 한다는 거, 다 알고 있지 않은가.

너에게 반해, 씀

모든 연애와 이별은 언어 아닌 것들에 의해 더 잘 기억된다. 그 사람이 했던 번지르르한 말은 시간의 저편으로 사라질지라도, 어떤 단어를 말할 때 그만의 특이한 발음, 말의 리듬과 기분 좋을 때 짓는 표정, 특유의 몸짓, 걸음걸이와 냄새는 시간이 지난 뒤에도 불쑥 추억된다. 우리의 첫 만남을 언어 아닌 것들로 기록해 보자. 그의 억양, 표정, 몸짓을 기억하며 세 줄만….

예시 그의 신경은 온통 농구공에 가 있었다. 옷은 땀으로 흠뻑 젖어 있었다. 성큼성큼 공을 향해 걸어가는 모습이 왠지 멋있었다.

예시 그녀의 목소리는 가늘다 못해 들릴까 말까 했다. 조그마한 입을 통해 한 음 한 음 흘러나오는 노랫소리가 듣기에 좋았다.

예시 그는 유난히 목청이 컸다. 남들보다 움직임도 커서 학교 어디에 있든 찾기가 쉬웠다.

닭살이 오글거릴지라도
빗대어 보다

비교하지 않고 너를 비유하겠다

콩깍지에서 벗어날 무렵, 우리에겐 '비교, 분석의 시간'이 다가온다. 누구네 오빠는 도시락도 싸 주고 빽도 사 주고, 해외여행은 연 2회가 기본인 데다가, 커피 취향은 고급이지만 닭발과 곱창도 잘 먹는 소탈함까지 겸비한 재원인 데…, '그런데 우리 오빠는?'으로 시작되는 비교와 분석의 고통스러운 심적 갈등들.

무라카미 하루키가 《랑겔한스 섬의 오후》에서 말한 갓 구운 빵을 손으로 찢어 먹을 때나 반듯하게 정리된 속옷을 볼 때 느끼는 소확행(소소하지만 확실한 행복)도 좋긴 한데, 이것보다 더 좋은 게 하나 있다.
'비교하지 말고 비유할 것'

어릴 때부터 우리는 늘 비교의 인생을 살았다. 과연 몇 동 몇 호네 아이가 가장 먼저 기저귀와 한글과 구구단을 떼느냐를 시작으로 성적, 학교, 얼굴, 친구, 애인, 연봉, 주택, 배우자까지.

비교는 인간의 본능적 감정이다. 꼭 나쁜 것도 아니다. 비교를 해야 발전하고 새로운 것도 배울 수 있다. 그런데 연애할 때 비교하는 건 참 쓸데없다. 비교는 우리의 가치와 자존감만 떨어뜨릴 뿐이다.

비교 대신 '비유'하자. 비유라는 말, 국어 시간에 많이 들어봤을 것이다. A를 A라고 말하면 재미도 감동도 없으니, A를 B라고 말하는 것이 비유다. 단, A와 B의 비슷한 점이 적어도 한 가지 이상은 있어야 성립된다. 비유는 아무래도 말과 글을 잘 다루는 사람이 즐겨 쓴다. 글 쓰는 사람은 물론이고, 그림 그리는 사람, 음악 하는 사람, 춤추는 사람 들이 A를 B로 잘 표현한다. 우리는 그들이 만들어 놓은 B를 보고 들으며 감동하고 좋아하고 인용하기도 한다. 물론 우리도 할 수 있다.

'사랑한다'는 말만 계속하는 게 좋을까? 성시경 오빠처럼 "너는 나의 봄이다."라고 말해 주는 게 좋을까? 사랑하는 사람을 부르는 말도 그렇다. 맨날 부르는 '이름', '자기', '너', '야', '오빠' 같은 무미건조한 말 말고, 뭔가에 빗대어 새로운 이름을 지어 부르자.

나는 그 사람을 어떤 것에 비유하고 싶은가? 지금 당장 떠오르는 B가 있다면 그것이야말로 연애의 소확행. 시인이 되는 것도 시간문제이다.

너에게 반해, 쓴

♥ 오가와 요코의 소설《박사가 사랑한 수식》에서 주인공 아저씨가 한 아이를 사랑스럽게 바라보며 별명을 하나 지어 준다.

"너는 루트(√)다. 어떤 숫자든 꺼리지 않고 자기 안에 보듬는 실로 관대한 기호, 루트야."

주인공 아저씨는 그 아이를 루트에 비유했다. 어떤 사람이든 보듬고 사랑하고 이해하는 사람이 되라는 뜻으로.

당신은 사랑하는 그 사람을 무엇에 비유하고 싶은가? 나는 무엇에 비유되고 싶은가? 그 비유되는 'B'야말로 서로를 생각하는 본질일 수 있다.

나도 몰랐던, 그를 향한 내 마음을 살짝 써 보자.

"너는   이다.   이니까."

♥ '기다림'은 썸이나 연애, 이별 등에 항시 수반되는 행위 중에 하나이다. 단순히 약속 시간에 늦는 사람을 기다리는 일부터 마음의 문이 열리기를, 나 아닌 다른 사람을 사랑하는 뒷모습을, 헤어짐의 끝에서도 기다림은 계속 된다. 일찍이 그 기다림의 시간과 공간을 '산'으로 통 크게 비유한 이가 있다. 너무 오래된 시라 작가 이름은 알 길이 없다.

<바람도 쉬어 넘고>

바람도 쉬어 넘고 구름이라도 쉬어 넘는 고개

산진이 수진이 해동청 보라매라도 다 쉬어 넘는 고봉(高峰) 장성령 고개

그 너머 임이 왔다 하면 나는 한 번도 아니 쉬어 넘을까 하노라

아주 높은 산이 있다. 너무 높아서 바람도 구름도 산진이·수진이·해동청·보라매 같은 매들도 잠깐 쉬어 가며 넘는 산인데, 당신만 온다면 한 번도 안 쉬고 내리 달려 산을 넘겠다는 내용이다. 사랑해 본 사람은 안다. 온다는 확신만 있으면 기다리는 것쯤이야 별 거 아닌 일인 걸. 기다림에서 오는 감정(기쁨, 희열, 눈물, 서운함, 원망 등)을 색다른 것에 비유해 보자. 무엇이 됐든.

① 카페에 앉아 너를 기다리는 내 마음은   이야.

② 다른 사람을 사랑하는 너.   처럼 기다릴 거야.

③ 너를 향한 내 마음은 언제나 변함없어.   처럼.

비유할 때 주의할 점

1 비유 때문에 본뜻이 사라질 수 있으니 오버하지는 말자.

2 비슷한 점을 못 찾을 바에는 차라리 하지 않는 게 낫다. 너는 꽃 같다느니, 나의 지구라느니, 우윳빛 피부라는 비유도 다 적절한 근거를 뒷받침해야 한다. 상대는 생각보다 똑똑하다!

3 어쩌다 써야지 남발하면 말만 번지르르한 사람으로 보이니 조심한다.

4 비유할 때는 말보다 텍스트가 더 효과적이다.

5 우리 머리에서 좋은 비유를 다 찾기에는 한계가 있다. 노래 가사나 책에서 마음껏 인용하자.

6 이모티콘을 전송하고 "너 같아."라고 하면 그것도 비유다. 비유를 꼭 글자로 하란 법 있나?

7 비유를 잘하려면 관찰이 필수이다. 상대의 표정, 몸짓, 말투만 잘 봐도 비유할 것이 참 많다.

8 꼭 좋은 것, 예쁜 것, 멋진 것에만 비유하란 법은 없다. 비유의 목적은 '나는 너에게 관심이 늘 많다.'는 마음을 보여 주는 상징적인 제스처에 불과하다. 상대방의 부족한 것, 우스꽝스러운 것, 때론 단점도 유머러스하게 비유하는 것이 비교보다 나은 관심이다. 연애는 끊임없는 관심을 먹고 자란다.

8일

너의 말은, 너의 글은,
그리고 너는

식빵 먹는 방법도 99가지라는데

북한산에 30년 간 다닌 분이 그랬다. 아직도 당신이 가 보지 못한 길이 수십 가지는 넘는다고. 라면을 끓이는 방법은 어떤가? 라면 봉지 뒤에 나와 있는 레시피대로만 라면을 먹는 사람은 없다.《식빵을 맛있게 먹는 99가지 방법》이라는 책은 딸기잼을 바르거나 샌드위치 만들어 먹는 게 고작인 사람들에게 식빵을 '굽고, 올리고, 바르고, 끼우고, 적시고, 말리는' 99가지 방법을 알려 준다. 라면이나 식빵도 이렇게 다양하게 먹는데, 하물며 우리 존재를 드러내 주는 말과 글은 왜 한 가지 패턴만 고집하나. 평소에는 그렇다 치고, 연애할 때까지 그러면 안 된다. 좋은 호르몬 퐁퐁 샘솟을 때 말과 글도 색다르게 해 보자.

나는 어떤 말과 글을 주로 쓰고 있을까? 상대방은? 또 우리는 어떤 말과 글을 주고받고 있을까? 맨날 똑같은 단어와 문장으로 말해도 상대가 내 마음을 다 알아줄 거라고 생각한다면 오산이다. 맨날 똑같은 단어와 문장을 듣는다는 것은 생각만 해도 지루하다. 마치 이것과 같다.

"밥 먹자. 불 꺼라. 자자."

너무 사랑해서 이 세 문장만으로도 행복하다면 그 행복 기꺼이 응원하고 존경도 마지않겠다. 또 "사랑하는데 뭐 그렇게 많은 말과 글이 필요하냐. 서로 필요한 말만 하면 되지."라고 말씀하시는 분께도 경의를 보낸다. 그렇지만 이 책은 나름의 본분이 있으니 끝까지 말과 글이 중요하다고 우겨야지 별 수 있나.

수많은 드라마와 영화, 책은 여성 동지들을 늘 대리만족의 바다에서 헤어 나오지 못하게 한다. '사랑한다'는 말 대신 다른 말과 글과 행동을 보여 주기 때문이다. 바로 그것에 열광한다.

영화 〈연애소설〉에서 지환이가 "전 지금 사랑에 빠졌어요. 너무 아파요. 그런데 계속 아프고 싶어요.", 〈미술관 옆 동물원〉에서 춘희가 "사랑이란 게 처음부터 풍덩 빠지는 건 줄로만 알았지. 이렇게 서서히 물들어 버릴 수 있는 것인 줄은 몰랐어.", 드라마 〈시크릿가든〉에서 주원이가 "길라임 씨는 언제부터 그렇게 예뻤나?", 〈도깨비〉에서 김신이 "너와 함께한 모든 시간이 눈부셨다. 날이 좋아서 날이 좋지 않아서 날이 적당해서 모든 날이 좋았다."라고 말해서 심쿵하게 만들었는데, 여기 어디에 대놓고 사랑한다고 말했나.

이왕이면 연애할 땐 지환이가, 춘희가, 주원이가, 신이가 되어 보자. 다르게 말하고 다르게 쓰자. 99가지 방법으로!

너에게 반해, 쓴

케이트 뱅크스가 쓴 그림책 《낱말 수집가 맥스》의 주인공 맥스는 낱말을 모은
다. 맥스가 처음부터 낱말에 관심이 있었던 건 아니다. 우표와 동전을 수집하는
형들이 부러워 자신도 뭐라도 모아야겠다고 마음먹은 것이다. 그런데 형들의
우표와 동전은 아무리 많이 모아도 모양이나 형태가 바뀌지 않는데, 맥스가 모
은 낱말들은 서로 얽히고설켜 새로운 이야기들을 계속 만들어 냈다.

연애할 때도 말버릇이나 글 버릇에 변화를 주자. 평소에 쓰는 단어와 문장에
작은 관심만 보여도 우리만의 이야기를 더 꽁냥꽁냥하게 만들 수 있다. 낱말
수집가 맥스에게 한 수 배워 보자.

♥ 우리는 연애하는 동안 서로의 말과 글에 점수를 매기고 있다. 나는 어떤 말에 감동하는
가? 또 어떤 말에 예민하게 구는가? 낱말 수집가 맥스처럼 우리만의 단어를 수집해 보자.

♥짧은 글짓기다. 그 또는 그녀를 생각하면서 써 보는 거다. 단어가 마음에 안 들면, ③번만 써도 된다.

① 꽁냥꽁냥, 초콜릿

② 심쿵, 바카스

③

연애의 말과 글을 점검해 보자.

1 그가 자주 쓰는 단어나 문장을 3개 이상 알고 있다. ☐

2 그와 이야기 나누는 것이 늘 즐겁다. ☐

3 그와 주고받은 글을 소중히 간직하고 있다. ☐

4 책을 읽다가 그가 생각나서 밑줄을 그은 적이 있다. ☐

5 드라마나 영화를 보며 그에게 주고 싶은 문장이 있었다. ☐

6 그에게 긴 글을 쓰고 싶은 날이 있다. ☐

7 그에게 긴 글을 받고 싶은 날이 있다. ☐

8 서로가 쓰는 말과 글의 문제점에 대해 이야기를 나눈 적이 있다. ☐

9 나는 그의 말과 글에 일희일비하지 않는다. ☐

10 말이나 문자를 자주 주고받지 않아도 불안하지 않다. ☐

※ 위 질문에 5개 이상 체크하면 당신의 말과 글은 대체로 훌륭하다.

'우리'를 주제로
목차 만들기

시인 정현종은 〈방문객〉이라는 시에서 '사람이 온다는 건 실은 어마어마한 일이다.'라고 말했다. 시를 읽어 보면 이유가 참 근사하다. '한 사람의 일생이 오기' 때문이란다.

누군가와의 만남은 남녀노소를 떠나 그 사람이 살아 온 전 일생과 마주하는 실로 대단한 일이다. 하지만 살다 보면 공부도 해야 하고 돈도 벌어야 하고 잘난 척, 약한 척도 해야 하므로, 온 마음을 다하여 한 사람을 대하지 못한다. 그러니 그 사람의 역사를 이해하기는커녕 그의 찰나도 알아내지 못한다.

한편 본인의 '낱낱'은 상세히 잘 알고 있어서 스스로가 대단히 소중하다. 때로는 가엾고 불쌍할 정도이다. 명백한 본인의 잘못 앞에서도 스스로를 위한 수많은 핑계를 대량 생산할 요량도 다분하다. '나'니까.

그런데 이 세상 누구나 각자의 '낱낱'을 가지고 있다. 세상에는 남이 알아주는 인생보다는 남이 알 턱이 없는 인생들이 더 많다. 남이 알아주는 거 참 좋다. SNS에 자신의 일거수일투족을 열심히 올리며 '좋아요'를 기다리는 사람들이 이상한 게 아니다. 지극히 정상적이고 인간적인 마음이다. 누구나 자신의 생각을 글로 써서 사람들에게 보여 줄 수 있는 웹사이트가 많아졌다. 글뿐인가. 사진, 그림, 영상 등 어떤 형태로든 만들어서 어디에나 노출시킬 수 있다. 다만 SNS를 하는 이가 있고, SNS 대신 다른 형태로 그 욕구를 충족시키는 이가 있을 뿐이다.

어른들은 삶에 회환이 밀려올 때쯤 꼭 이렇게 말한다.

"내가 말을 안 해서 그렇지, 내가 산 세월을 이야기하면 책이 한 권이야."

그렇다. 우리는 모두 말을 안 해서 그렇지, 일생 동안 아무도 읽어 주지 않는 책을 한 권씩 쓰고 있다. 누군가 읽어 주기만을 기다리며… 끝끝내 읽어 주지 않아도 할 수 없는 책을!

지금 누군가를 사랑하고 있다면 그건 엄청난 책을 읽고 있는 것이나 마찬가지이다. 어떤 서가에도 꽂혀 있지 않은 나 혼자만 읽을 수 있는 스페셜 에디션이다. 두껍다고, 혹은 얇다고 불평하지 말자. 함부로 찢지도 말자. 한 장만 보고 판단하지 말자. 밑줄 그으며 확신하지도 말고, 그저 있는 그대로 읽어 보자. 그게 시작이다.

'한 사람의 일생이 오기 때문이다.'

다시 정현종의 시를 읽어 본다.

너에게 반해, 쓴

남녀노소 모두가 알 법한 사랑 이야기를 꼽으라고 하면 무엇이 있을까? 좋은 소설, 영화, 드라마 참 많지만 안전하게 고전으로 가 보자. 고전 중에서도 우리나라 고전, 《춘향전》의 줄거리를 모르는 사람은 없겠지? 오래된 작품이고 수능 언어 영역에도 자주 출몰하는 작품이다 보니, 작품 해석도 여러 각도에서 이뤄지는 게 사실이다. 그렇다고 해도 이 작품이 인류 보편적 주제인 사랑을 이야기하고 있다는 것에 딴지를 놓는 사람은 없다. 그네 앞에서 썸 타기, 둘만의 결혼식, 몽룡의 엔딩 이벤트 등 증거는 얼마든지 많다.

춘향이가 이 책을 읽고 감동했다고 치자. 그리고 이렇게 생각한 거다. '우리 이야기를 책으로 써 볼까?' 과연 어떤 목차가 나올까?

1장 뭐지? 이 느낌?
-남원 부사의 아들
-광한루 그네 앞에서
-누구 보고 오라 가라야!
-두 번의 거절

2장 이 남자, 운명일까?
-집으로 찾아온 몽룡
-어머니가 허락한 결혼
-어느새 마음은 깊어지고
-이제 너 없이 안 돼!

3장 예감은 틀리지 않는다
-갑작스런 서울행
-울고불고 매달리다가 결국
-몇 통의 편지
-하늘도 무심한 변학도
- '몽룡'이라는 감옥

4장 서방님, 고마워요
-거지꼴로 나타난 남자
-차라리 죽겠어요!
-거짓말처럼, 너라는 기적
-열여섯 살의 추억

말과 글을 잘 다루는 사람들의 공통점은 '분절(사물을 마디로 나눔)'이다. 그들은 분절을 잘한다. 예를 들어 보통 사람들은 '커피'라는 단어를 듣고 그렇게 많은 생각을 하지 못한다. 그런데 말과 글의 능력자들은 그 한 단어를 가지고 하루 종일 떠든다. 커피와 관련된 역사, 인물, 장소, 맛, 레시피 등 세상의 모든 지식을 총동원해서 자르고 나누기를 잘한다.

우리 추억도 마찬가지다. 아무렇게나 뭉쳐 놓으면 이리저리 치이다가 결국 아무것도 아닌 게 된다. '낱낱'을 떠올릴 수 있는 것도 소소한 행복의 하나다.

헤어진 사람도 좋고, 잠깐의 썸도 좋다. 지금 연애중이라면 더 좋고, 우정도 괜찮다. 우리의 이야기를 요리조리 나눠서 책의 목차라고 생각하며 써 보는 거다. 이 목차는 우리 둘만 쓸 수 있다. 세상 그 누구도 쓸 수 없다!

우리만의 이야기를 구성하는 방법

① 목차가 필요한 이유

❶ 글을 쓰기 전에 목차를 만들면, 자신이 이 글을 쓸 수 있는지 없는지 판단할 수 있다.

❷ 목차를 만들면서 스스로 무엇이 부족한지 알아내 보완할 수 있다.

❸ 글의 내용이 산으로 가지 않고 목표한 바대로 갈 수 있도록 길잡이 역할을 한다.

❹ 읽는 이들이 글의 내용을 잘 이해할 수 있도록 한다.

❺ 다른 글이나 책과 차별화된 면을 가질 수 있다.

② 우리만의 이야기를 목차로 만드는 방법

❶ 처음 만난 그때부터 지금까지 시간 순으로 구성한다.

❷ 우리가 함께 갔거나 여행했던 곳(공간) 순으로 구성한다.

❸ 우리 둘만의 키워드를 5개쯤 뽑아 구성한다.

❹ 서론, 본론, 결론 등 단계별로 구성한다.

❺ 만남과 이별의 원인과 결과를 따져 가며 구성한다.

10일

너에게만 쓰고 싶다

더 많은 사람들에게 인정받는다는 것

다다익선(多多益善)이라 했다. 많으면 많을수록 좋은 게 뭐가 있더라? 돈, 능력, 명예, 권력, 여자, 남자, 사랑, 친구 등 예나 지금이나 사람들이 좋아하는 건 도긴개긴이다. 최근 다다익선의 유망주로 떠오르는 것이 있다. '팔로워'나 '좋아요', '댓글' 등 온라인상에서 나의 팬을 상징하는 숫자도 다다익선이다.

자신이 올린 글이나 사진에 많은 사람들이 반응해 주는 걸로 그날의 기분이 좌우되기도 하고, 실제로 얼굴 한 번 본 적 없는 팬들에게 상처를 받아 온라인 글쓰기를 절필하는 사람도 있다. 그 안에서 감정 싸움도 나고 미묘한 관계도 생기며 애정과 증오도 싹튼다.

과거에는 아무나 '남들이 읽는 글(책, 기사, 칼럼 등)'을 쓰지 못했다. 온라인이라는 제2의 세상이 없었기 때문이다. 그렇다고 지금보다 글쓰기를 적게 했느냐, 그렇지 않다. 나만 읽는 글, 한 사람만 읽는 글은 지금보다 더 많이 썼다. 나만 읽는 글은 일기요, 한 사람만 읽는 글은 편지다.

지금처럼 연인 간에 하고 싶은 말이 있을 때 실시간으로 소통할 수 있다는 건 큰 장점이다. 기다림의 미학이나 골똘히 생각한 끝에 완성한 사랑의 메시지(러브레터 같은 것)를 받지 못해서 아쉬운 면도 있다. 아무리 실시간 소통이 편하고 좋아도 가끔은 누군가로부터 긴 글을 받고 싶을 때도 있으니까. 러브레터는 대화나 문자 메시지로도 주지 못하는, 한 사람만을 위한 각별한 글이다. 오랜 시간 동안 한 자 한 자 눌러 쓴 한 사람만을 위한 달콤한 말이다. 모든 사람들이 누른 '좋아요'도 좋지만, 한 사람을 위한 좋은 글을 써 보자.

너에게 반해, 씀

좋은 글은 어떤 글일까? 겉멋 부리지 않고 진실하고 쉽게 쓴 글이다. 하나 더
추가하자면 읽는 사람을 고려한 글이다. 진실하고 쉽게 쓸 수 있으며, 한 사람
의 독자를 가진 글이 뭐가 있나? 러브레터다. 우리가 아는 유명 인사(?)들도 한
때 가슴 절절한 러브레터를 보냈다. 잠깐 읽어 보자.

평생 독신으로 살면서 음악밖에 모르던 베토벤이 죽은 뒤 발견된 수신자 없는 편지

"내 삶 내 전부. 오, 날 계속 사랑해 주세요.
나의 성실한 진심을 오해하지 말아 주세요."

《노인과 바다》, 《누구를 위해 종은 울리나》 등을 쓴 헤밍웨이의 사랑 고백

"당신을 팔로 감싸 안을 때마다 나는 집에 있는 듯한 편안함을 느낀다오."

17세기 조선시대를 살았던 곽주라는 남자가 멀리 사는 아내에게 보낸 편지

"여보, 명주로 이불을 만들어 꼭 덮고 자요. 아깝다고 생각하지 말고. 당신이
병에 걸리면 자식이든 뭐든 아무 소용없소."

《젊은 베르테르의 슬픔》, 《파우스트》 등을 쓴 괴테가 사랑하는 연인(케트헨)에게 보낸 연서

"난 언제나, 영원히, 그리고 완전히 네 것이야." *

* 조은경, 《예술가와 위인들의 연애편지》, 누멘, 2011

♥한 사람을 위한 좋은 글이란?

① 한 사람을 향한 나의 마음을 진실하고 솔직하게 표현했는가?

② 그 사람이 이해하기 쉽게 썼는가?

　혹시 유식해 보이고 싶어서 한자나 영어를 마구 섞었는지 확인하라.

③ 쓰다 보니 문장이 길어졌는가?

　그 사람이 숨 쉬기 곤란해할지 모르니 되도록 짧게 쓴다.

④ 내가 쓴 글을 소리 내어 읽었을 때 어색하지 않은가?

　술술 읽히지 않으면 딴생각하고 흐름을 놓친 것이니 고쳐 보자.

⑤ 횡설수설, 이 이야기 저 이야기 왔다 갔다 했는가?

　당최 무슨 말을 하고 싶은 건지 다시 정리한다.

2장

너와 나의 오감을
총동원하여

11일

서로를 발견해 준다는 것

예쁘다, 예쁘다, 예쁘다니까!

필자는 어릴 때부터 말을 더듬었다. 지금도 여전히 잘 더듬는다. 그래서 하고 싶은 말이 있어도 다 하지 않고 머릿속에서 정리해서 이야기하는 버릇이 있다. 그러니 남들 앞에서 말해야 할 때는 누구보다 긴장과 준비를 많이 한다. 학창 시절 여자애들끼리 하는 다다다다 싸움도 하지 않았다. 어버버버 하다가 끝날 게 뻔하니까. 잘 안 되는 발음이 포함되어 있으면 그것을 다른 단어로 바꿔서 말하느라 시간을 끌기도 했다. 그럴 때마다 사람들이 이상하게 쳐다보기도 했고.

지금은 과거에 비해 나아졌지만 지금도 이 콤플렉스와 함께 살고 있다. 이거 하나면 다행인데, 남들 앞에서는 이상하게 떨려서 글씨도 잘 못 쓰고, 심각한 하비(하체 비만)에다가 성격은 다혈질에… 끝도 없다. 필자가 만난 연인들은 그 모든 것을 알았을 것이다. 그런데 그들은 그것을 한 번도 지적하지 않았다. 인간적 매너였거나, 정말 보이지 않았거나, 보이기는 하는데 1도 신경 쓰지 않았거나.

우리가 사랑했던 사람들은 '우리의 무엇'을 기억할까? 그들에게 우리를 설명해 보라고 하면 어떻게 말할까? 기억하지 말았으면 하는 것만 기억하고 있으면 어떡하지? 본인에게는 콤플렉스지만, 상대의 기억 속에서는 콤플렉스가 아닌 그 사람만의 '무엇'일지도 모른다. 좋은 것이든 좋지 않은 것이든 서로의 '무엇'을 발견해 주는 것이 관계의 청신호이다. 나의 단점을 콤플렉스로 보는 관계보다야, "그게 뭐?"라며 아무것도 아니라고 말하는 관계가 조금 더 행복하겠다. 지적(指摘)은 세상 어디서든 충분히 받으니까. 세상이 말하지 않아도 스스로 너무 잘 알고 있으니까.

너에게 반해, 쏨

♥ "묘사가 뭐지?"라고 물으면 거의 자동으로 '그림 그리듯 쓰는 것'이라는 대답이 나온다. 맞는 설명이긴 한데, 좀 더 정확하려면 '읽는 사람 입장에서 그림이 그려지도록 쓰는 것'이다. 《문학비평용어사전》에서 '묘사'를 찾아보니 다음과 같았다. 문장이 조금 어렵지만 읽고, 또 읽어 보면 이해가 된다.

묘사란 언어에 의해 사물의 현상을 전달하고 물체의 독특한 행위와 인상을 감각적으로 표현하고 기술적, 의도적으로 그려 나타내는 양식이다. 모든 사물에는 그 사물이 지니고 있는 독특한 특징이 있으므로 그 특징의 인상을 관찰하여 이를 근접하게 표현하는 기술이 필요하다. 사물의 모양, 환경, 색채, 비교, 위치, 소리, 감촉, 관계 등에 의해 겉으로 드러나는 인상을 기술하고 내면의 변화를 찾아내 감정의 적절한 환경을 그려내는 심리적 양상도 포함될 수 있다.*

묘사란 한 마디로 우리의 감각기관(눈, 코, 입, 귀, 살갗)을 동원해서 우리가 본 대로, 들은 대로, 느낀 대로 표현하는 방법이다. 감각을 그렇게나 총동원하는데 세밀해지지 않을 수 있나. 구체적이고 정확해지는 것도 시간문제이다.

여기 아주 근사한 묘사가 하나 있다. 나이 든 두 남자와 어린 남자, 이렇게 셋이 메밀꽃밭을 지나며 이런저런 이야기를 나누고 있다. 그중 나이든 남자 하나가

---

* 《문학비평용어사전》, 국학자료원, 2006

"달밤이었으나 어떻게 해서 그렇게 됐는지 지금 생각해도 도무지 알 수 없어."라는 말로 자신의 첫사랑 이야기를 막 시작하려는 순간, 다음 묘사 장면이 들어간다.

이지러는 졌으나 보름을 갓 지난 달은 부드러운 빛을 흐뭇이 흘리고 있다. 대화까지는 팔십리의 밤길, 고개를 둘이나 넘고 개울을 하나 건너고 벌판과 산길을 걸어야 된다. 길은 지금 긴 산허리에 걸려 있다. 밤중을 지난 무렵인지 죽은 듯이 고요한 속에서 짐승 같은 달의 숨소리가 손에 잡힐 듯이 들리며, 콩포기와 옥수수 잎새가 한층 달에 푸르게 젖었다. 산허리는 온통 메밀밭이어서 피기 시작한 꽃이 소금을 뿌린 듯이 흐뭇한 달빛에 숨이 막힐 지경이다.

_이효석 〈메밀꽃 필 무렵〉 중에서

이제 막 피기 시작하는 메밀꽃이 마치 소금을 뿌린 듯하여 달빛에 숨이 막힐 지경이라는 이 부분은 이 작품이 소개될 때 빠지지 않는 백미 중 하나이다. 이 부분만 떨어뜨려 놓고 읽으면 아무래도 묘사의 힘이 덜 느껴지니, 기회가 된다면 전문을 읽어 보길 권한다.

♥ 묘사는 그 대상을 세밀하고 구체적으로 그려 내어 그의 가치를 높여 주는 것이 목표이다.

자, 그 또는 그녀를 묘사해 보자. 그 사람의 가치를 최대한 높여 주자. 그의 얼굴, 목소리, 감촉, 냄새 등 겉으로 드러나는 모습을 표현하고, 그 사람의 감정 변화까지 표현해 보자. 묘사한 문장을 그 사람에게 선물로 주어도 좋겠다.

[예시] **소개팅 한 남자의 첫 인상(묘사)**

미간에 깊이 파인 두 개의 주름 때문에 그는 화난 사람 같았다. 입에서는 담배 냄새가 무척 독했다. 훤칠한 키가 무색하게 꾸부정한 자세로 앉아 있었고, 수많은 질문에도 말 없이 고개만 몇 번 끄덕였다. 나는 시간이 빨리 지나기를 바랐다. 드디어 식사가 끝나고 그는 계산을 할 요량으로 지갑을 꺼냈다. 하! 지갑은 폐차 직전의 자동차, 아니 세상에서 가장 가난한 사람에게 주어도 절대 받지 않을 정도로 낡았다. 그날 우리는 2시간 만에 각자 집으로 돌아갔다. 집에 왔는데, 독한 담배 냄새와 폐차 직전의 지갑이 자꾸만 떠올랐다.

함께 밥을 먹는다는 것

 Jh_min_0910

HJ_kim_0910님 외 20명이 좋아합니다
Jh_min_0910 현준이랑 맛집탐방 🖤❤️
#맛집탐방 #수제버거 #럽스타그램

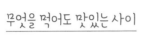

무엇을 먹어도 맛있는 사이

몇 년째 우리 사회 주요 키워드로 손꼽히는 단어가 있다. '먹방(먹는 방송)'. 먹는 방송은 왜 인기일까? 영국 잡지 〈이코노미스트〉는 우리의 먹방 열풍이 장기 경제 침체로 인한 사람들의 불안감과 불행 때문에 야기된 것이라고 했다. 또 어떤 전문가는 가족과 함께 밥을 먹을 수 없는 시대적 라이프 스타일 때문에, 방송으로 대리 만족을 느끼는 것이라고 했다. 이유가 어찌됐든 채널마다 스타들이 계속 먹고 있다.

먹방은 방송으로만 그치지 않고, 연애 패턴도 바꾸어 놓았다. 맛집을 찾아다니는 일이 중요한 데이트 코스이다. 잠깐만~ 먹기 전 한 컷 찍어 SNS에 올리는 것까지 해야 데이트가 완성된다. 맛이 있고 없고는 그다음 문제이다.

'맛있다'는 것은 무엇일까? 사람마다 다르겠지만, 음식이란 언제나 그 이상의 의미가 따라 붙는다. 누구와 먹었는지, 그 음식을 누가 해 줬는지, 어떤 재료를 썼는지, 어디에서 먹었는지, 어떤 그릇에 먹었는지, 왜 다시는 먹고 싶지 않은지, 왜 거기에서만 먹어야 하는지, 왜 그 계절인지, 어떤 것과 같이 먹어야 더 맛있는지 등등 음식은 우리 삶에 있어서 총체적인 추억이자 기억이며, 살아온 시간 속에서 잊히지 않는 무엇으로 남아 있다.

음식에 대한 추억은 사람과 연결된다. 장소와 추억으로 이어지며, 함께 나눈 과거와 현재를 설명해 주기도 한다. 함께 밥을 먹는다는 것은 생각보다 의미가 크다. 맛집을 찾기 전에 그 의미부터 점검해 보자. 그럼 맛집을 찾아 놓지 않은 연인에 대한 불만이나 해외 맛집에 다녀온 친구 커플에 대한 부러움보다 '같이 밥을 먹는 관계' 자체가 더 소중해질 것이다.

어떤 것을 꼭 먹어야 하는 관계보다야 '무엇을 먹어도 맛있는 사이'가 돈도 안 들고 좋지 않나?

너에게 반해, 씀

♥ 영화 〈봄날은 간다〉가 개봉한 때가 2001년이다. 벌써 17년이 지났는데 그 영화에 나오는 대사는 연애 사전에 나오는 예시 문장이 되어 버렸다. 연애의 시작을 알리는 대사 "라면 먹고 갈래요?(은수)"와 이별을 상징하는 대사 "사랑이 어떻게 변하니?(상우)"가 그것이다. 은수의 대사는 당시 패러디도 많이 되고, 커플들 사이에서 유용하게 사용되는 문장이 되었다.

"라면 먹고 갈래요?", 자세히 해석해 볼까?

"라면을 먹든 안 먹든 상관없어요. 치킨 좋아하면 치킨으로! 그나저나 우리 그동안 꽤 가까워졌죠? 이제 서로 마음도 확인했으니⋯."

그 뒤는 상상에 맡기겠다. 어쨌든 두 주인공은 '라면'으로 하나가 되었고, 그 다음 날부터 닭살 멘트 훅훅 날리는 관계로 다시 태어났다. 당신에게도 '라면' 같은 음식이 있다. 음식의 종류는 크게 중요하지 않다. 그 음식이 우리 관계에서 어떤 역할을 했는지가 의미 있지! 자, 기억해 보자. 우리에게도 '라면' 같은 것이 있었음을⋯.

우리 사이에 특별한 음식은 무엇일까? 오감을 이용해 써 보자.

[예시] 맛없는 회로 가까워진 우리

서울 번화가였는데 저녁 늦게까지 손님이 우리뿐이었다. 그렇게 맛없는 횟집은 처음이었다. 사이드 메뉴도 별로 없고, 회는 전문가가 손질한 게 맞는지 의심되는 정도였다. 주인에게 항의하고 돈을 돌려받아도 크게 문제될 것 같지 않은 상황에서도 우리는 수다에 빠져 있었다. 회는 그저 회였다. 우리는 세상에서 가장 맛없는 회를 먹으며 그날 조금 더 가까워졌다.

[예시] 삼겹살에 콜라

"삼겹살에 콜라?"

"콜!"

남들은 '삼겹살에 소주' 겠지만 술을 먹지 못하는 우리 커플은 '삼겹살에 콜라' 이다. 둘이 유난히 좋아하는 음식이지만, 너무 좋아하는 바람에 체중 조절이 힘들어 규칙을 한 가지 정했다. 스트레스가 너무 심하거나 힘든 날만 상대방에게 '삼겹살에 콜라' 를 외치자고. 그날은 힘든 상대방을 위해 기꺼이 삼겹살을 구웠고, 스트레스, 남의 험담, 억울한 일을 끝까지 다 들어 주었다. 그건 세상에서 가장 향긋한 힐링이었다.

너를 고치고 싶었던
부끄러운 나의 지난날

어쩜 우린 이렇게 잘 맞을까?

'공감'의 사전적 의미를 보면, '남의 감정, 의견, 주장 따위에 대하여 자기도 그렇다고 느낌. 또는 그렇게 느끼는 기분.'이란다. 흠… 감정은 공감했던 것 같은데 의견과 주장은 자존심 문제라. 그렇다고 하루 24시간 동안 가족, 동료, 친구들과 소통하면서 진심으로 공감했거나 받았던 경험이 있는가? 솔직히 가슴에 손을 올려놓고 생각해 보면 하루 한 번도 어렵다. 추임새와 감탄사를 적재적소에 넣는 리액션의 귀재들도 가끔은 딴생각을 한다. 공감 총량의 법칙에 의해.

여자끼리, 남자끼리는 그래도 공감이 쉬운 편이다. 문제는 남녀이다. 남녀의 공감 격차는 상상할 수 없을 만큼 크다. 공감과 감성 터치를 좋아하는 여성 동지들과 모든 것을 시스템과 논리력으로 반격하는 남성 동지들의 피 터지는 전쟁은 말하지 않아도 안다. 너무 달라서 아주 가끔씩 일어나는 '공감'이 놀라울 정도이다.
상대의 마음에 깊이 공감하려는 노력도 중요하지만, 그건 억지로 되는 게 아니니 천천히 가자. 그냥 편안한 마음으로 음악, 영화, 뉴스 등에 공감하는 연습부터 해 보는 거다. 의견 일치를 보라는 말은 아니다. "어쩜 우리는 이렇게 생각하는 것도 똑같을까?", "역시 우린! 너무 잘 맞아. 그치?"라고 흥분해서 말한다고 환상의 커플이 되는 것은 아니다. 너무 잘 맞아도 너무 달라도 문제는 늘 생긴다.

그러니 서로를 받아들이는 연습을 해 보자. 거창하게 공감하기보다 '너는 그렇구나.' 정도로 아주 가볍게 생각하자. 그러다 보면 상대방의 감정, 의견, 주장을 내 것으로 바꾸려고 피 터지게 싸울 일도 없다. 이런 경지쯤 되면 상대방을 싹 다 고쳐 보려 했던 부끄러운 나의 지난날에 대한 후회와 미련이 몰려와 노래 가사 하나 나올 수도 있다.

너에게 반해, 쓴

♥ 마음을 전하는 수많은 방법 중에 남녀노소를 막론하고 통하는 것이 '노래'이다. 노래는 가끔씩 우리에게 '말하지 않아도 아는 마법'을 부린다. 혼자 듣다가 함께 들어 더 좋아하게 된 노래, 그 사람이 좋아해서 덩달아 좋아진 노래, 우리를 연인으로 이어 준 노래, 나보다 내 마음을 더 잘 알아주는 노래, 지금도 그 사람만 생각하면 함께 소환되는 노래 등 사연 많은 노래가 모두의 마음속에 하나쯤은 있을 것이다.

여러분이 지금 생각하고 있는 그 사람은 어떤 노래를 좋아할까? 내 마음을 전하기 위해 들려주고 싶은 노래는? 후회나 미련의 노래라도 좋다. 고전적인 방법이라고? 밑져야 본전이니 일단 해 보자. 노래방 가서 잘 부를 자신 없으면 카톡이나 편지에 가사만 인용하는 게 나을 수도. 정 용기가 없다면 그냥 혼자 듣기만 해도 위로받을 수 있다.

확실한 건, 좋은 음악과 소리는 100마디의 말과 100줄의 글보다 힘이 세다.

고백하기 좋은 노래 5곡

1. 정준일 〈고백〉

2. 장범준 〈그녀가 곁에 없다면〉

3. 선우정아 〈구애〉

4. 포티 〈듣는 편지〉

5. 스탠딩 에그 〈너라면 괜찮아〉

♥ 동서고금, 남녀노소에 관계없이 '사랑'이라는 감정은 거의 비슷하다. 사랑할 때야 내 것이 가장 특별하고 고귀해 보이지만, 사실 그 감정은 보통 인간이 느끼는 감정의 스펙트럼에서 크게 벗어나지 않는다. 그러니 소설, 영화, 드라마를 보며 내 이야기인 것마냥 울고 웃는 거겠지.

다음 노래는 사랑 이야기를 담은 우리나라 민요이다. 연애 감정의 기본이 아주 잘 드러난 이 노래의 핵심은 딱 두 가지이다. '변치 말자'와 '너를 만나면 내 기분이 아주 좋다.'는 것. 사랑할 때는 누구나 그렇다. 만나면 그저 좋고, 그 순간이 영원할 것만 같다.

다음 가사를 읽고 이 노래의 제목을 지어 보자. 딱 들으면 느낌 있게, 빡!

제목:

사- 사랑을 하려면 요- 요렇게 한단다

요내 사랑 변치 말자 굳게굳게 다진 사랑

어와둥둥 내사랑 둥당가 둥당가

덩기둥당에 내사랑

꽃과 나비 너울너울 춤을 추고

우리네 사-사랑은 아이가이가

두리둥실 좋을시고

당-당신은 내사랑 알-알뜰한 내사랑

일편단심 변치말자 굳게굳게 다진 사랑

어와둥둥 내사랑 둥당가 둥당가

덩기둥당에 내사랑

너를 보면 신바람이 절로 나고

너를 만- 만나면 아이가이가

두리둥실 좋을시고

너만의 스펀지가
되기 위하여

우리에게 말귀를 주세요!

음성 인식 서비스, 시리(Siri)에게 "사랑해."라고 말하면 뭐라고 대답할까? "부끄럽다.", "우린 그럴 수 없는 사이란 걸 잘 아시잖아요.", "하하. 말씀만이라도 고맙습니다.", "알아요.", "전 주인님을 소중하게 생각해요." 등 시리의 대답은 재미있으면서도 때로 철벽 치는 여친 같기도 하고 쿨내 진동하는 남친 같기도 하다. 이런 시리도 처음에는 엉뚱한 소리와 딴소리를 날리며 음성 인식 서비스가 아직 멀었음을 세상에 알렸다. 우리 주변에도 '초기 시리' 같은 사람들이 참 많다.

'소통'의 중요성이 강조되면서 함께 떠오른 것이 '경청'이다. 사회 곳곳에서 '경청'을 잘해야 사회생활과 가정생활, 인간관계가 좋아진다고 하는데, 그게 어디 듣기만 잘한다고 되는 일인가. 상대가 내 말에 경청해 주기를 바라기 전에, 말하는 이도 자신의 뜻을 잘 표현하는 연습을 해야 한다.

연애할 때 경청은 어느 관계보다 어렵다. 결정하고 타협해야 할 일이 많기 때문이다. 일주일에 몇 번 만날지, 하루 통화량과 메시지 횟수, 데이트 비용과 스킨십의 허용 범위, 어떤 음식을 먹을지, 어디로 여행을 갈지, 여사친과 남사친은 인정할 수 있는지 등 둘 사이에 상의하고 의논할 현실적인 문제들이 많기 때문이다. 그러니 서로 들어야 할 말이 얼마나 많겠는가.

그래도 연애 초기에는 괜찮다. 이 시기에는 대개 서로에게 맞춰 주며 세상 착한 남자, 여자 코스프레를 하기 때문이다. "그래. 그게 좋겠다.", "난 네가 좋으면 다 좋아." 상대방의 말과 글을 스펀지처럼 쫙쫙 빨아들이기는 시기에는 경청을 강조할 필요도 없다. 그러나 시간이 지날수록 이렇게 바뀐다. "너는 맨날 너 하고 싶은 대로만 하잖아.", "싫은데. 나는 OO하고 싶은데?", "참, 지밖에 몰라요." 경청은커녕 아무것도 들리지 않는다.

그 또는 그녀가 말귀가 어둡다고 생각한다면, 먼저 나의 전달력을 의심해 보자. 거꾸로 그 또는 그녀가 표현력이 부족하다고 생각한다면, 나의 말귀를 의심해 보자. 상대가 말귀와 전달력이 둘 다 없다면, 나도 둘 다 없는 거다. 오늘부터 간절하게 기도해 보자.

"부디 저에게 말귀를 주세요."라고.

너에게 반해, 쓺

♥ 로스(Ross, R.S)는 '사람마다 다른 나쁜 듣기 습관'에서 6가지 유형의 듣기 태도에 대해 다음과 같이 말했다.

❶ 끄덕끄덕형: 겉으로는 리액션이 참 좋은데, 정작 속으로 딴생각하는 사람

❷ 일방통행형: 혼자 자기 이야기만 하는 사람

❸ 빈칸 채우기형: 말의 전체를 듣지 않고 듬성듬성 들으면서, 그 가운데 발생하는 빈칸
   을 자기 식으로 채우는 사람

❹ 꿀벌형: 꿀벌이 꽃은 보지 않고 꿀만 따는 것처럼, 자기에게 필요하거나 듣고 싶은 말
   만 듣는 사람

❺ 나 몰라라 형: 다른 사람의 말을 하나도 안 듣는 사람

❻ 창던지기형: 다른 사람의 말을 듣다가 잘못된 점을 발견하면 바로 반박하는 사람

로스(Ross, R.S)가 말한 나쁜 습관 6가지는 모두 우리에게 조금씩 있다. 예를 들어 자존심을 지켜야 하는데 잘 모르는 내용이면 '끄덕끄덕형'이 되고, 내 생각이 진짜 맞는다고 생각하면 '일방통행형'이 되며, 피터지게 싸울 때는 '창던지기형'이 된다. 각자의 듣기 습관을 골라 보자. 둘 사이에 차이점과 공통점이 발견될 것이다.

♥ 듣고 싶은 말만 듣는 '꿀벌형'은 누구나 갖고 있는 모습이다. 사람은 누구나 자신이 좋아하는 말을 더 잘 듣는다. 듣기 싫은 말은 몸이 먼저 반응하여 알아서 귀를 닫아 준다. 그러니 기억도 못 하고 건성건성 듣게 된다. 서로를 아무리 좋아해도 상대가 말하는 모든 것을 경청하고 기억할 수는 없다.

자, 우리가 잘 듣는 것과 듣지 않는 것을 구분해 보자. 상대를 더 알아 가는 지름길이다.

잘 들리는 말

사랑해, 우리 사귈까?, 어디 갈까?, 뭐 먹을래?, 오늘 멋진데?

잘 들리지 않는 말

사랑해, 너는 그게 문제야, 이것 좀 해 줄래?, 난 그거 싫어, 누구는 그거 했대!

15일

너와 가는 곳이라면, 여행

누가 나와 같이 행군해 줄까?

'여행' 하면 멋진 캐리어와 새로 산 선글라스, 인스타그램에 올릴 수 있는 나만의 낭만과 여유 같은 이미지가 떠오른다. 그런데 여행을 뜻하는 'travel'의 진짜 뜻을 아는 순간 우리의 순수했던 이 마음, 조금 부서질 수도. 'travel'은 고대 프랑스어 'travail'에서 그 어원을 찾을 수 있다. 'travail'은 로마 시대 때 노예를 때리던 세 개(tra, three)의 고문 도구(vail, pole)이며, 고난 또는 고통을 뜻한단다. 이럴 수가! 지금의 '여행'이 되기 전, 여행은 일개 개인의 소확행을 위한 것이 아니었다. 큰 뜻을 품고 새로운 세상으로 나아가 다른 이들을 위해 뭔가를 배우고 깨우치기 위해 세상 밖으로 걸어 나간다는 의미였다. 지금의 여행과는 무척 다르다.

연인과의 여행은 가끔 많은 것을 잃게 한다. 실망스러운 준비성, 아침의 입 냄새와 부스스함, 간혹 나를 잊어버린 듯한 상대의 이기심이 포착될 때면 '나는 이 여행을 왜 왔을까?', '나 사랑하는 거 맞아?', '돌아가면 계속 만나야 하나?' 등 예기치 않은 상황에 이르기도 한다. 애초에 여행 준비를 너무 많이 하는 것도 문제다. 그러니 함께 가는 사람에게도, 여행지 자체에도 집중하지 못한 채 방학 전에 만든 일과표를 지키는 어린 아이처럼 전전긍긍이다. 어디에서 무엇을 먹을지 계획한 동선대로 움직이고, 무엇을 꼭 봐야 하고 어디에서 어떤 각도로 사진을 찍어야 한다는 강박관념에 빠져 여행의 피로도가 쌓이기 시작할 때쯤, 감정싸움은 본격적으로 시작되고 만다.

여행은 원래 고난이자 고통이라 했으니 가끔은 그것도 즐겨 보자. 아무 데나 들어가서 먹어도 맛있는 음식, 오랫동안 머물러도 좋을 작은 언덕, 조금도 안 유명한 거리, 불편한 잠자리를 즐겨라. 남들 다 찍은 에펠탑 앞 사진보다, 침대에서 먹었던 사발면 냄새와 두런두런 이야기 나누던 그 바다의 빛깔이 기억에 더 오래 남으니까.

너에게 반해, 쏨

♥ 영화 대사 중 "모히또에서 몰디브 한 잔?"이라는 말이 잠시 유행했을 때 사람들은 '몰디브에서 마시는 모히또'가 주는 달콤한 휴식을 상상했다. 그뿐인가? 너도 나도 그 말을 따라 하며, 이와 비슷하게 단어를 앞뒤로 바꿔 보았다. 이는 말이나 글자를 가지고 노는 놀이의 일종이다. 예를 들어 《춘향전》에서 암행어사 출두에 놀라 자빠진 사또는 이렇게 말했다.

"어 추워라, 문 들어온다, 바람 닫아라. 물 마른다, 목 들여라."

이 역시 문장의 단어 순서를 바꿔 말을 만드는 방법, 즉 언어 도치에 의한 언어유희이다. 단순히 웃기려고 바꾼 건 아니고, 당시 지배층의 어리석음을 한 번 비꼬아 주시는 스킬 되겠다.

발음과 의미의 유사성을 이용한 언어유희도 있다. 예를 들어 "져 농군 여봅시. 검은 소로 바찰 가니 컴컴하지 아니한지?(《춘향전》중에서)"에서 '검은 소'와 '컴컴하다'는 단어의 의미가 비슷한 점을 이용했다. 또 "신 것을 그렇게 많이 먹고, 그 애를 낳으면 그놈의 자식이 시큰둥하여 쓰겠나(《심청전》중에서)."에서 '신 것'과 '시큰둥'은 발음이 비슷한 점을 이용했다. 이런 말장난도 너무 많이 하면 아재개그로 찍힐 수 있지만, 가끔 쓰면 꽤 위트 있어 보인다.

지금 유행하는 신조어들도 이런 언어유희에서 나온 말이 많다. 이를 문법 파괴다, 언어 습관을 해친다, 은어를 너무 쓰면 안 된다고 말하는 이도 있다. 하지만 신세대들이 만들어 내는 언어를 보면 아이디어의 참신성은 물론이고, 시대와

자기 반영이 아주 훌륭하다.

지금 당장 문자 메시지를 보낼 때 언어유희를 구사해 보라면 이 책을 딱 덮어

버릴 것을 심히 우려하여, 쓰기는 과감히 패스하는 바이다.

♥ 그 사람과 함께 갔던 여행지의 한 장면을 근사하게 써 보자. 우리의 오감을

총동원해서 기억해 보는 방법이다. 그렇다고 매번 꼭 시각, 미각, 촉각, 후각, 청

각을 다 동원해서 쓸 필요는 없다. 그렇게 쓰면 더 정신없고 어수선하다. 2~3

개 정도의 감각을 동원해 글을 써 보자. 신조어와 언어유희도 팍팍 넣어 보자.

여행지:

보다	듣다	맡다	맛보다	느끼다

3장

긴밀하게
은밀하게
세밀하게

서론

넘나 원하는 질문:
이것 좀 물어봐 줄래?

아니, 왜 대답을 안 하는데?

우리나라 사람들은 '질문'에 알러지가 있다. 얼마 전 모 방송국에서 유독 질문을 잘 못하는 한국 사람들에 대한 다큐멘터리까지 만든 걸 보면, 꽤 심각한 문제인 듯하다. 다양한 원인이 있겠지만, 가장 큰 원인은 좋은 질문을 받아 본 적이 없기 때문이다. 획일화되어 뻔한 질문에 익숙한 사람은 다른 사람에게 좋은 질문을 던질 수 없다.

좋은 질문이 오가야 연인 관계도 좀 더 고급스러워진다. 으름장 같은 위협적인 질문, 탐정을 방불케 하는 추궁형 질문, 겉과 속이 다른 질문에서 이젠 벗어나 보자.
좋은 질문을 하려면 첫 번째로 우선 다 안다는 듯한 태도를 버려야 한다. '네가 어떤 대답을 할지 뻔한데.'에서 시작하면 좋은 질문이 나오지 않는다. 차라리 '나는 아직 너를 잘 모르겠어. 그래서 알고 싶어.'의 태도가 낫다.
두 번째는 상대가 평소에 많이 쓰는 단어를 넣어 질문한다. 사람이 어떤 단어를 반복해서 쓴다는 것은 그것에 관심이 있다는 뜻이다. 자신을 드러내고 싶은 것, 남들 앞에서는 못하지만 연인 앞에서는 말하고 싶은 것, 콤플렉스이거나 힘든 것일 때도 있다. 그것에 대해 질문해 주는 것만으로도 상대를 기쁘게 할 수 있다.

세 번째는 상대의 가치를 올려 주는 질문을 한다. 유명 스타들이 인터뷰하는 것을 보라. 인터뷰어들은 정말이지 듣는 이에게 완벽한 질문을 한다. 어떻게 하면 스타들의 가치를 한껏 올려 줄까 고민하며 만든 질문이기 때문이다.

끝으로 질문에 대답하지 않으면 더 이상 묻지 말자. 진짜 말하고 싶지 않을 수도 있다.

"나는 그 사람과 대화하면 시간 가는 줄 몰라요."라고 말할 수 있으면 세상에서 가장 행복한 연애를 하고 있는 사람이다. 연애할 때 할 말이 없다고 호소하는 이들이 꽤 많다. 그럴 땐 다정하고 섬세한 질문을 던지자. 오늘 밤을 샐지도 모른다.

너에게 반해, 쏨

♥ 아는 것 많고 똑똑한 사람이 조용한 목소리에 같은 톤으로 강의하고 있다.
생각만 해도 졸리다. 같은 단어라도 강조해서 말하고, 목소리 크기도 달리하
고, 뻔한 농담도 던지면서 말해야 청자들이 안 나가고 듣는다.
글을 쓸 때도 계속 한 가지 톤으로 쓰면 읽는 사람 입장에서 지루하다. 그래서
지루함을 미연에 방지해 주는 방법(문장 변화법)이 있다. 한 마디로 문장을 다
양하게 바꿔 보자!

❶ **설의법** : 누구나 아는 사실을 물어보는 형태로 바꿔 강조하는 표현법

　　　📖 너를 만나고 사랑하니 이 또한 기쁘지 아니한가?

❷ **문답법** : 스스로 묻고 답하는 표현법

　　　📖 우리에게 지금 필요한 것은? 연애!

❸ **인용법** : 남의 말이나 글을 인용하는 표현법

　　　📖 철학자 폴 틸리히는 "사랑의 첫 번째 의무는 상대방에 귀 기울이는 것이다."

라고 말했다.

❹ **도치법** : 말과 말의 순서를 일부러 바꿔 쓰는 표현법

　　　📖 참 예쁘다, 나의 여친!

♥ 여기서는 문답법을 연습해 보자.

스스로 묻고 답해도 좋고, 연인과 함께해도 좋다.

예 ① 우리 OO이가 좋아하는 것은? 비오는 날, 삼겹살에 소맥

② 우리가 처음 만났던 곳은? 상수역 3번 출구 OO카페

③ OO오빠가 싫어하는 것은? 내가 남사친들과 술 마시고 늦게 들어가는 것.

이어 보자,
뚜우뚝 끊어지는 대화

긴밀하게 더욱더 긴밀하게, 유후!

말이나 글에 능숙한 사람은 집중력이 뛰어나다. 어떤 집중력인가 하면, 표현하고자 하는 바를 '잃지 않는 마음'이다. 자신이 말하고 싶은 것을 꽉 잡고 있는 힘이다. 주변에 있는 아무 책이나 펼쳐 보자. 각각의 문장들이 연결되어 하나의 문단이 되고, 그 문단들이 이어져 한 편의 글이 완성된다. 읽었을 때 술술 잘 읽히는 문장은 바로 이 집중력이 제대로 발휘된 것이다.

문장과 문장을 잘 연결하려면 어떻게 해야 할까? 문장A에서 문장B로 다시 문장C로 넘어갈 때 구렁이 담 넘어가듯 아주 부드러워야 한다. 방법은? 그네들의 관계가 분명하면 된다. 앞의 내용을 그(이), 그(이)처럼, 그(이)런 등으로 받아쓰거나, 앞에 썼던 단어나 어구를 반복해서 사용한다. 또한 앞뒤 문장이 서로 비슷한 내용이든, 반대되든, 원인과 결과이든, 덧붙이든, 구체적인 예를 들든, 화제를 바꾸든 간에 그 연결이 논리적이고 정확하면 된다. 이때 접속어(그리고, 그러나, 하지만, 그런데 등)를 너무 많이 쓰는 것만 피하자. 이것은 꼭 필요할 때만 쓴다.

나의 애인님이 대화하거나 문자를 보낼 때, 편지를 쓸 때 유독 중언

부언한다면? 자꾸 이 말했다 저 말하면? 뜬금없는 말을 갑자기 하거나 대화의 화제를 3초 간격으로 바꾼다면? 하, 정신없겠다.

싸울 때도 마찬가지다. "내가 이제야 말하지만." 하며 다른 주제를 가져오지 말자. 지금 싸우는 이유에만 집중하시라. 고릿적 얘기까지 줄줄이 꺼내지 말자. 그동안 서운했던 것을 모아서 던지는 폭탄도 사양이다.

글을 쓸 때도 그렇다. 한 문장에 한 가지 생각만 쓰는 연습을 하면, 그것들이 모여 한 문단을 이루었을 때 어색함이 없고 자연스럽다. 문장들은 아무도 모르게 긴밀하게, 은밀하게, 세밀하게 움직인다.

너에게 반해, 쓴

♥ 해시태그(#) 뒤에 '썸과 연애'라고 쓰면 그것을 쓴 모든 사람의 글이나 사진

이 대동단결하여 모여 든다. 내용은 조금씩 달라도 '썸과 연애'에 대해 생각을

담았다는 뜻이다. 더 좋은 건 '썸과 연애'에 대한 궁금한 사람이 이를 검색하면

그동안 축적된 자료가 촤악, 한번에 집결된다. 그들 사이에 '키워드'라는 긴밀

함 내지는 공통점이 있다.

자, 그 사람을 5개의 해시태그(#)로 표현해 보자. 그 사람에 대해 글을 쓴다는

가정하에 그 단어들이 서로 연결되도록 써 본다.

예시
#별명 #부숭이 #또치# 둘리
#천생연분 #강릉 #고등어 #걷기
사진 #첫여행

우리의 빈칸을 위하여

그 사람에 대해 요약하시오

당신과 당신이 사랑하는 사람은 220과 284 같은 관계이다. 무슨 소리냐고? 220과 284는 서로 사랑하는 우애수(친화수)이다. 이들은 신기하게도 자신을 제외한 약수들을 합하면 '서로'가 된다.

예를 들어 220의 약수(1, 2, 4, 5, 10, 11, 20, 22, 44, 55, 110, 220(제외))를 모두 합하면 284가 된다. 284의 약수(1, 2, 4, 71, 142, 284(제외))를 모두 합하면 220이 된다. 이 세상에 그 많은 숫자들 가운데 위 조건을 성립하는 숫자가 천만 개라고 하니 많아 보이지만, 확률적으로 보면 굉장히 희귀한 숫자이다. 당신과 그 사람이 만날 확률처럼.

짧은 시간을 만나도 상대를 깊이 아는 사람이 있고, 5년 이상을 만나도 서로를 잘 모르는 관계도 있다. 얕게 만나는 건 쉽다. 깊게 만나면 피곤한 대신 인생 공부는 된다. 처음 만나 썸을 지나 연인이 되고 이별로 가는 동안 맞든 틀리든 상대가 어떤 사람인지 연구(?)하면서 만나게 된다. 우애수 같은 기똥찬 확률로 만나 많은 것을 공유하는 관계는 인생에서 그렇게 많지 않으니까.

그런 대단한 확률로 만난 사람을 요약해 본 적이 있는가? "그 사람에 대해 논하시오."라는 시험 문제를 마주했을 때 우리는 몇 줄이나 쓸 수 있을까? 그 사람이 한 권의 책이라면 표지(겉모습)나 목차(스펙)만 대충 보고 어떤 사람일 거라고 단정한 적도 있을 것이다. 서문만 읽고 다 읽었다고 다른 책을 기웃거린 적은? 다른 사람들의 리뷰(평판) 때문에 괴로워한 적도 많았으리라.

그러나 그 사람은 재미있다고 한 번에 읽을 수 있는 책이 아니다. 절대적인 시간과 노력이 필요하다. 한 번에 읽고 한 번에 요약하면 좋겠지만, 시간이 좀 든다. 그를 읽고 제대로 요약하기까지는….

 너에게 반해, 쓸

커플의 역사를 한눈에 볼 수 있는 연애 벤다이어그램이다. 빈칸에 알맞은 단어를 써 보자.

❶ 어쩜, 똑같아!

❷ 어머, 이건 다르네?

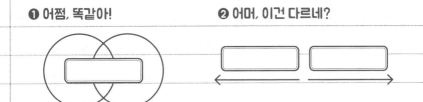

❸ 방향은 달라도 만날 수 있어.

❹ 연애하는 동안 성장했음.

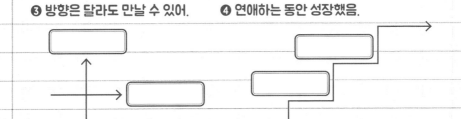

❺ 너를 생각나게 하는 단어

❻ 좋았거나 나빴거나

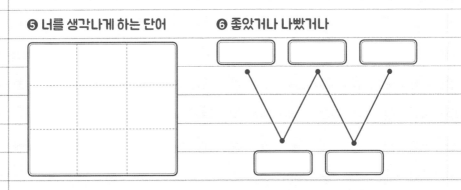

다음 예시는 현재 사귀고 있는 커플이 서로에 대해 요약 정리한 것이다.

우리도 사랑스러운 눈으로 서로를 요약해 보자.

〈남자친구가 여자친구를 요약하다〉

이름: 성**
나이: 26세(가끔 16살 같음)

성**의 뇌:
일 70%,
맛집 29%,
남친 1%

- 타고난 쫄보
- 굉장한 워커홀릭
- 갑분싸일런
- 파충류 무서워함
- 사랑스러움
- 무뚝뚝한 '척'함
- 설치류를 사랑해서
  설치류 닮음
- 먹는 것 세상 좋아함

셀카 고자

코는 작은데
높음

놀라면 표정
관리 안 됨
(근데 자기도
즐김)

현아 닮음
(내 기준)

나 만지는 것을
매우 즐기는 손

거짓말 주의

조금씩
자주 먹음

치마 입고
10시간 이상
옷 버팀

운동 부족으로 인한
저질 체력

내 손보다 작음

〈여자친구가 남자친구를 요약하다〉

이름: 조＊＊
나이: 26세

- 동물 사랑함
- 월화수 카페 알바
- 청결(수시로 씻고 정리)
- 대형견 보는 느낌
  (세상 귀여움)
- 감수성 풍부
  (책 읽다 울고, 노래 듣다
  울고, 영화 보다 울고)

로맨티스트(놀라운 멘트를 침)

내가 하는 일을 좋아해 줌

땀이 없음(더운 것 못 견뎌 함)

뇌섹남(연구실에서
모니터 3개 씀)

5:5 가르마
(본인은 2:8이 잘
어울린다고 우김)

진짜 잘생김

볼살 말랑함

팔 근육 good

말 잘함(논리+기승전결)

손 짱 큼
(내 발과 크기 같음)

도시락 싸 주는
남자(요리 잘함)

다리가 길어서 웬만한
바지다 잘 어울림

먹는 거 좋아함(맛나게 잘 먹음)

270mm

105

내 말이 어떻게 요약될지
상상하라

장황과 모호와 애매 사이

장황하게, 과장되게, 왜곡해서 말하면 일단 인기는 좋다. 밋밋한 일상에서 맨날 그 말이 그 말인 것보다, 살짝 들뜬 말이 생기를 준다. 그런데 속이 꽉 차고 정직하면서 말도 잘하는 사람이라면 땡큐지만, 겉과 속이 모두 '장황+과장+왜곡'이면 곤란하다. 믿음이 안 가니 말을 적당히 섞게 되고, 늘 말만 앞서니 미래를 도모하기 힘들다.

좋아하는 사람과 대화할 때도 적당히 '장황+과장+왜곡'해도 된다. 연애할 때 논리로 무장된 이성적인 대화만 한다고 생각해 보자. 그걸 어디 연애라고 이름 붙일 수 있겠는가. 연애의 말과 글은 일상적인 것보다 '장황+과장+왜곡'으로 흐를 가능성이 높고, 그런 이유로 서로가 말하는 바를 정확하게 몰라서 말과 글로 된 오해도 자주 일어난다.

따라서 상대의 말을 듣거나 글을 읽을 때는 그 핵심이 무엇인지 파악해야 한다. 중요한 것과 중요하지 않은 것을 구분해서 내용을 재구성해 보고, 이것을 한 줄로 요약할 줄 알아야 그 사람의 본심을 알 수 있다. 서로의 말이 이해가 안 될 때 방법은 하나다. 돌직구로 물어본다.

"네가 하는 말이 이 말이야?"

논리적이고 청산유수여서 상대를 순간적으로 제압할 수는 있어도, 그 말이 상대에게 잘 도착했을지는 의문이다. 상대는 당신의 '다다다다'에 질려 이미 한쪽 귀를 닫고 있을지도 모른다. 말을 잘 못해도 괜찮다. 글을 잘 못 써도 괜찮다. 다만 본인의 생각이 어떻게 요약되고 있을지 생각하며 말과 글을 구사하라. 이것만 잘해도 명랑한 연애 생활을 위한 국어 능력은 문제없다. 요약이 잘 안 되고 핵심을 잡기 어려운 말은 우리의 연애를 방해하는 독(毒)이다.

너에게 반해, 쓴

나의 애인이 어떤 말을 하느냐에 따라 요약하는 방법이 달라진다. 예를 들어 사건과 갈등이 있는 친구나 동료의 이야기라면 '인물, 사건, 배경'을 파악한다. 또 어떤 사실에 대한 내용이면 사실 자체와 정보 위주로 듣고, 주장을 펼치면 그가 주장하는 바와 근거가 무엇인지 요약해 본다.

♥ 말과 글을 요약하는 법

❶ 덜 중요한 내용은 삭제한다.

❷ 중심 내용을 선택한다.

❸ 세부적인 내용은 일반화하여 묶어 준다.

❹ 중심 내용을 재구성하여 정리한다.

❺ 단, 연애할 때는 한 가지를 더 추가해야 한다. 말과 글을 100% 믿으면 안 된다. 표정이나 어투를 종합적으로 살펴야 진짜 그 사람을 요약할 수 있다.

다음 내용을 읽고 글쓴이의 마음을 한 줄로 요약해 보자.

내 친구 주원이 알지? 이번에 새 남자 친구 생겼는데, 남친이 선물을 너무 자주

해서 부담스럽대. 지난주에는 70만 원짜리 선글라스를 사왔더래. 너무 비싸서

자기는 싫다고 바꾸러 가자고 했더니, 돈 액수가 중요하냐며 막 화를 내더래.

그래서 할 수 없이 그냥 쓰고 있대. 자기는 장미꽃 한 송이를 받아도 행복하다

나? 웃기지? 지도 좋으면서. 근데 우리 이번에 여름휴가 어디로 갈 거야?

한 줄 요약 :

썸의 시대, 서론의 시대

처음과 중간과 끝이 있는 관계

'부모 슬하'는 언제까지일까? 성인이 되어 자신의 일을 찾고 경제적으로 독립하는 것이 당연한 것에서 대단한 일이 되었다. 서른까지, 많게는 마흔 넘도록 부모 그늘에서 벗어나지 못한다. 그들은 험난하고 위험한 세상으로 나아가기 위해 아직, 준비 중이다.

좋은 회사에 들어갈 때도 준비해야 할 것이 한두 가지가 아니다. 영어 점수와 다양한 인턴 경험, 자기소개서와 면접 기술, 해당 직업의 자격증까지 몇 년에 걸쳐 준비해서 대기업 문을 두드린다. 그런 회사를 다녀야 그동안 고생한 부모가, 앞으로 이룰 가정이, 또 나 자신이 편안하게 살 가능성이 높다고 생각한다.

그렇지만 준비 과정을 조금 줄일 필요는 있다. 청춘들이 생각하는 것만큼 사회에서의 '일'은 그다지 어렵지 않다. 가정이나 학교만큼 친절하진 않아도 막무가내는 아니다. 그러니 사회로 나가기 위한 '준비'는 이쯤에서 그만하고 본론으로 들어가자.

대학 생활보다 '수능'이, 취업보다 '취업 준비'가, 연애보다 '썸'이, 결혼보다 '결혼 준비'에 더 많은 시간과 돈을 쓰는 대한민국은 지금 '서론의 시대'를 살고 있다. 서론만 쓰다가 끝이 난다. 본론에는 들어가지 못하고 그 주변만 뱅뱅 돌다가 힘들다는 이유로 포기하고 자책한다. 가 보지 못한 세상을 비난하면 내가 가지 않은 명분과 이유가 생기기 때문이다. '여우의 신포도'처럼. 취업과 결혼 준비가 필요 없다는 말은 아니다. 다만 서론보다 길어지지 않게, 본론으로 들어가 보는 용기가 필요하다.

모든 관계에는 서론과 본론과 결론이 있다. 서론은 행복하다. 뜨겁다. 본론은 노력이 필요하며, 결론은 아프다. 아픔과 좌절을 지레 짐작하고 서론에만 머무는 관계는 온전한 관계가 아니다. 서론과 본론과 결론을 모두 경험하여야 한 사람을 이해하는 힘이 생긴다. 지금 누군가와 서론을 쓰고 있다면, 본론으로 넘어가 보자. 아직 때가 아니라고? 때는 이미 지났다. 그것도 많이!

너에게 반해, 씀

♥ 인간이 자신의 생각을 표현하는 방법은 딱 두 가지다. 말과 글. '나는 작가가 아니라서 글을 안 쓴다.'라고 생각하진 말자. 당신은 생각보다 글을 많이 쓰고 있다. 이메일, 리포트, 기획안과 보고서, 정산서, 문자 메시지, 각종 SNS 활동, 다이어리, 편지…. 이렇게나 많이 쓰는데 글에는 처음, 중간, 끝이 있다는 것쯤은 알고 있자.

연애사를 돌아보자. 서론(처음)만 쓰다가 돌아선 관계가 의외로 많다. 본론으로 바로 직행했다가 황당한 일도 있다. "사귀자."라고 말해 놓고 정작 본론으로 가지 못한 채 무늬만 연애하는 이들도 많다. 결론까지 갔어도 서론과 본론이 언제 지났는지 모르는 이들도 있다.

서론만, 본론만, 결론만 있었던 이빨 빠진 연애사를 꺼내 보자.

[예시] **서론만:** 짝사랑만 5년째. 고백은 하지 않고 계속 편지만 썼다.

그 사이 그 남자는 두 번의 연애를 더 했다.

본론만: 전 여친을 잊고 싶어서 소개팅 한 여자와 곧바로 연애를 시작했다.

하지만 길게 가지 못했다.

결론만: 나는 친구로, 그는 연인으로….

엇갈린 만남은 시작도 못한 채 이별로 직행하고 말았다.

4장

썸부터 헤어짐까지 문장력 긴급 훈련

이런 느낌 처음인 문장

첫눈에 반했다는 새빨간 거짓말

'첫', '처음', '시작'이라는 단어는 어디에 붙여도 막 설렌다. 서투르고 어설프지만 그마저도 처음만 가질 수 있는 특권이다. '처음'은 중요하다. 어떻게 시작하느냐에 따라 그다음이 결정되고 인생의 방향까지 정해진다. 소설이나 영화도 마찬가지다. 첫 문장과 첫 장면이 중요하다. 등장인물의 기본 정보와 분위기, 때로는 주제까지 알 수 있는 기본 장치이기 때문이다. 특히 영화는 시작하고 1분 30초 안에 흥행이 판가름 난다. 영화만큼은 아니지만 소설의 첫 문장도 중요하다.

헤밍웨이는 《노인과 바다》의 첫 문장 '그는 멕시코 만류에서 조각배를 타고 홀로 고기잡이 하는 노인이었다.'를 완성하기 위해 수십 번 수정했다고 한다.

연인이 열정적으로 만나 점차 시들해지고 이별에 이르는 과정을 철학적 사유로 풀어 낸 알랭 드 보통의 소설《나는 왜 너를 사랑하는가》는 이렇게 시작된다.

'삶에서 낭만적인 영역만큼 운명적인 만남을 강하게 갈망하는 영역도 없을 것이다.'

소설의 첫 문장과 영화의 첫 장면은 백 번의 수정도 얼마든지 가능하다. 만들어 내는 이의 손을 떠날 때까지 고칠 수 있다. 하지만 우리 연애의 첫 장면은? 수정 불가능이다. 그래서 더 아름답다고 말하지는 말자. 처음 만난 장면이나 첫눈에 반했던 모습은 생각만큼 멋있지 않다. 어설프고 어색하여 몸이 배배 꼬이는 느낌에 더 가깝다.

연애의 첫 문장이 아름답게 느껴지는 것은 이미 지나갔기 때문이다. 시간이 인간에게 주는 최고의 선물, 미화! 이런 미화는 얼마든지 해도 된다. 미처 만나지 못한 관계는 미화도 뭣도 없다. 시간의 저편으로 영원히 사라진다. 적어도 지금 당신이 기억하는 첫 문장은 '우리'가 존재했기에 이 세상에 나올 수 있는 것이다.

나와 그 사람의 첫 문장은 무엇일까? 헤밍웨이보다 알랭 드 보통보다 멋있지 않아도 된다. 독자는 단 한 명뿐일 테니. 어설프고 서툴러서 더 좋으니.

너에게 반해, 쓰

♥ 〈북창이 맑다커늘〉은 조선시대 시인 겸 문신인 임제가 한우라는 여자를 보고 반해서 쓴 시이다. 임제는 사랑하는 여인의 이름인 한우(寒雨, 차가운 한寒, 비 우雨)를 차가운 비에 비유했다. 그녀를 만나러 가는 동안 찬비가 내려 힘들었는데, 기꺼이 그 빗속에서 얼어 버리겠다는 허세를 부린 것이다. 굳이 풀이하면 "나는 너를 꼭 만나고 싶다." 정도?

고백을 받은 한우도 답시 〈어이 얼어 잘이〉를 보냈는데, 한우의 마음은 한 마디로 이것이다. "왜 춥게 자려고 하셔요. 나에게 따뜻한 이불이 있으니 따뜻하게 자야지요." 예나 지금이나 연애할 때는 뻔뻔함이 하늘을 찌르고 허세를 부려도 귀엽기만 하다. 조선시대 커플이 주고받은 시를 읽어 보자.

북창이 맑다커늘 우장 없이 길을 나니

산에는 눈이 오고 들에는 찬비로다

오늘은 찬비를 맞았으니 얼어 잘까 하노라

　　　　　　　　　-임제 〈북창이 맑다커늘〉

[해석] 북쪽 하늘이 맑다 하여 비옷 없이 길을 나섰더니

　　　산에는 눈이 오고 들에는 차가운 비가 내리는구나

　　　오늘은 차가운 비를 맞았으니 얼어 잘까 하노라

어이 얼어 잘이 무슨 일 얼어 잘이

원앙침 비취금은 어디 두고 얼어 잘이

오늘은 찬비 맞았신아 녹아 잘까 하노라

-한우 〈어이 얼어 잘이〉

[해석] 어찌 얼어 자겠습니까 무슨 일로 얼어 자겠습니까

원앙 베개와 이불은 어디에 두고 얼어 자려 하십니까

오늘은 찬비 맞았으니 몸을 녹여 자야 할 것입니다

♥ '좋아했다'고 말할 수 있는 관계를 첫 문장으로 써 보자. '연애'라고 이름 붙이기 뭣한 관계도 좋다. 가벼운 썸에도 첫 문장은 있다. 그 사람에 대해 글을 쓴다는 가정하에 첫 문장을 써 보자.

[예시] 그는 하얀 폴로티를 입고 하얀 눈밭을 뛰어다니고 있었다. 눈이 부셨다.

그녀는 처음부터 내 눈을 피하기만 했다. 기분이 좋지 않았다.

무려 100일 기념일 문장

불안한 우리 사이

나의 경험으로 뚜벅뚜벅 걸어가라

우리 주변에는 우리 인생에 개입하고 싶어 안달난 사람들과 기계가 (?) 정말 많다. 헬리콥터맘(아이 주변을 맴돌면서 온갖 일에 다 참견하는 엄마) 슬하에서 30년 넘게 살다가 겨우 벗어났다 싶으면, 헬리콥터 멘토들은 왜 또 그렇게 많은지. 앞으로 우리 스스로 결정할 수 있는 게 있기나 한 걸까?

연애할 때도 조력자들이 참 많다. 각종 인터넷 게시판, 온라인 지식인들, 친구, 선배, 동료들, 우릴 자꾸 비교의 늪에 빠지게 하는 SNS 사진과 글들까지. 내 연애에 배 놔라 감 놔라 하는 참 안 고마운 분들.

'getting know'라는 말이 있다. 연애할 때 서로를 알아 가는 단계이다. 썸을 탈 때나 '사귀자.'라고 선포한 3개월 이내? 누구는 꿀이 뚝뚝 떨어진다고 하고, 누구는 연애할 때 가장 빛나는 때라고 한다. 좋은 건 맞는데 가장 불안한 때이기도 하다. '이게 뭐야? 사귀는 거 맞아?', '이게 무슨 뜻이지? 아, 어쩌라는 거야.', '진도 더 나가도 되는 건가?', '좋긴 한데, 사랑인가? 아닌가?' 머릿속은 혼란의 도가니다.

이럴 때 우리는 친구, 동료, 선배 찬스를 쓰기도 하고, 자칭 연애 전문 강사들의 명쾌한 강의를 듣기도 한다. 그들의 말을 들을 때면 "어머? 내 이야기네.", "역시 그랬구나.", "저렇게까지 생각 안 했는데, 듣고 보니 맞는 말이네." 하며 제2의 소용돌이를 만난다. 그리고 이것저것 자꾸 들으며, 이 말 다르고 저 말 달라서 갈피를 잡지 못한다.

불안하더라도 너무 많은 정보와 조언은 금물이다. 그저 나 자신을 믿고, 자신만의 경험으로 뚜벅뚜벅 걸어가라. 연애 초기 증상은 다 비슷하다. 누구나 어설프고 혼란스럽다. 확실하지 않은 감정도 당연하다. 헬리콥터 연애는 헬리콥터 이별로 이어진다. 나의 경험만 진짜다. 묻지도 따지지도 말고 내 경험에 충실하자.

너에게 반해, 쓴

♥ 연애 초기는 불안하다. 그 사람이 나를 사랑하는지 그의 마음을 자꾸 확인하고 싶어서. 서로의 기대가 달라질까 봐. 내가 그 사람을 사랑하는지 확신이 없어서. 그 사람과 금방 헤어질까 봐. 그밖에도 연애 초기 불안증의 이유는 다양하다.

그럴 때마다 누군가에게 물어볼 건가? 나와 비슷한 사례를 찾아 인터넷 사이트를 뒤질 것인가? 그러지 말고 불안 목록을 적어 보자. 그리고 그 불안에 대한 처방을 스스로 내려 보자. 명쾌하지 않아도 그게 답이다. 현재 연애 중이 아니라면 과거 경험을 써도 된다.

불안 목록	내가 내린 처방전	예상 결과
가슴이 별로 안 뛴다.	늘 가슴 뛰는 연애만 했던 나, 그것만 연애라고 생각했던 것 같다.	지금은 알아 가는 단계이다. 성급한 마음을 버리기로 했다.
카톡이 자주 안 온다.	기회가 있을 때 '연락'의 빈도와 수단에 대해 이야기를 나눈다.	그녀의 원래 성향일 수 있다.

태어나서
고마운 문장

생일 카드 달랑 한 장의 의미

한 남자와 여자가 소개팅으로 만나 연인으로 발전한 지 두 달이 되었다. 얼마 뒤에 있을 여자의 생일에 앞서 남자가 물었다.

"뭐 갖고 싶은 거 있어요?"

두 달밖에 안 되었고 주머니 사정이 넉넉지 못한 남자를 배려해 여자가 말했다.

"저는 A4에 쓴 편지 2장이면 돼요."

여자의 생일날, 남자가 가방에서 부스럭거리며 봉투를 꺼낸다. 정말 A4 2장의 편지였다. 달랑! 여자의 속마음은 이랬다.

'편지에다 아주 작은 선물이라도 줬으면 좋았을 텐데. 이 남자 순진한 건가?'

이런 상황을 봤다면 의견들이 참 분분할 거다.

"남자가 융통성이 없네. 편지 써 달랬다고 진짜 편지만 써 오냐."

"여자가 원한 걸 선물했는데, 뭐가 문제야."

이 둘은 결국 결혼해서 아직도 편지를 주고받으며 잘 살고 있지만, '편지 달 랑' 사건은 두고두고 회자되고 있다는 후문이다.

남녀 사이에 주고받는 선물의 단가로 애정의 척도를 가늠할 수는 없다. 하지 만 주고받는 것이 물질이든 정신이든 연애에서는 중요하다. 어차피 연애는 교환 관계로 성립된다. 지고지순한 희생을 기반으로 사랑해야 한다고 말하 는 분들이 반기를 들어도 할 수 없다. 연애란 보이든 보이지 않든 끊임없이 주고받음으로써 성립되는 관계이다. 그들은 우선 시간과 공간을 주고받는 다. 헤어지고 한참이 지난 뒤에도 그 시절이 그리운 이유는, 수많은 것들을 주고받은 흔적 때문이다. 서로의 특별함을 주고받으며, 서로가 세상에서 배 운 것들을 공유하기도 한다. 물질을 교환하며, 지식과 정보, 지혜도 주고받 는다.

주고받음이 있어야 살아 있는 관계이다. 정신적인 것만 주고받거나 물질적 인 것만 주고받는 관계라면 조화에 신경 써야 한다. 정신적인 것과 물리적인 것을 반반씩 해서 그 사람의 생일부터 축하해 보자.

너에게 반해, 쏨

♥ 16세기 조선시대를 살았던 여인 황진이가 한 남자를 그리워하며 쓴 〈동짓달 기나긴 밤〉을 읽어 보자.

동짓달 기나긴 밤을 한 허리를 베어 내어

춘풍(春風) 이불 아래 서리서리 넣었다가

정든 님 오신 날 밤이어든 굽이굽이 펴리라

황진이는 연인에게 '시간'을 선물하겠다고 했다. 갓도 아니고 비단 저고리도 아닌, 시간을 주겠다니! 시라서 멋있지, 실제로 누군가가 자신의 24시간을 반으로 잘라 냉장고에 넣었다가 준다고 하면 "이거 뭐야?" 하고 갸우뚱할 것이다. 어쨌든 황진이는 밤이 가장 긴 동짓날을 한 토막 베어서 이불 속에 넣었다가, 봄이 되어 님이 오면 그것을 꺼내 주겠다고 했다. 보이지 않는 시간을 눈에 보이는 사물로 바꿔서 말한 표현력에 일단 박수를! 사랑하는 사람과 함께 있고 싶은 간절함에 다시 한 번 박수를!

우리도 그렇다. 누군가를 좋아할 때는 함께 보내고 싶은 시간만큼 다 함께할 수 없어서 안타깝기만 하다. 황진이처럼 함께할 수 없는 시간을 시로 표현해 보자. 아주 짧게.

예시1 오늘 밤의 반을 잘라

옷장에 넣었다가

이번 토요일에 가져갈게.

예시2 손발 찬 너를 위해

이번 여름을 잘라서

추운 겨울에 꺼내 줄 거야.

예시3 왜 이제야 만났을까?

너를 위한 시간이

내 주머니 속에

우주만큼 들어 있는데.

생일 카드 빈칸 채우기

사랑하는 ▨ 아,

▨ 번째 생일을 진심으로 축하해.

아기였던 네가 상상이 안 간다. 되게 귀여웠겠지?

▨▨▨▨▨▨▨▨▨▨▨▨▨▨▨▨▨

▨▨▨▨▨▨▨▨▨▨▨▨▨▨▨▨▨▨

> 연인의 어린 시절 이야기에 대해 들은 이야기 중 인상 깊었던 이야기를 써 준다. 들은 바가 없으면 이번 생일을 앞두고 나눈 대화나 사건(?), 또는 처음 만났던 순간에 대해 쓴다.

네가 이 세상에 있어서 참 좋다.

▨▨▨▨▨▨▨▨▨▨▨▨▨▨▨▨

> 그 사람이 이 세상에 있어서 좋은 점을 나열해 본다. 소소하고 작을수록 감동이 커진다.

나의 ▨▨▨▨▨▨▨ 아,

다시 한 번 축하한다.

> 꼭 상대의 애칭을 넣는다.

▨▨▨▨▨▨▨▨▨▨▨ 가.

> 나의 애칭이나, 상대에게 되어 주고 싶은 인물을 비유해서 쓴다.

24일

어서 와!
이런 질투 처음인 문장

소유욕에서 시작된 질투

결혼해서 50년을 살아도 '나'는 누군가의 소유가 될 수 없다. '나'는 나, '너'는 너다. 부모 자식 간에도 성장하면 품을 떠나는데, 하물며 독립된 자아들이 서로를 소유하고 싶다니 대단히 위험한 발상이다. 하지만 이 소유욕은 연인 사이에서 심심치 않게 나오는 감정이다. 그리고 유독 소유욕이 강한 사람들이 질투가 많다.

연인의 하루 일과를 일거수일투족 다 알아야 직성이 풀린다면?

연인이 자신의 주말 스케줄을 공유하지 않을 때 사랑 자체에 의심이 간다면?

연인의 이성 친구를 절대 용납할 수 없다면?

연인이 나보다 더 공들이고 신경 쓰는 어떤 일을 비난하고 있다면?

이 중에 해당되는 게 하나라도 있다면 일단 질투심이 중간 이상은 된다는 뜻이다. 한 가지만 기억하자. 아무리 사랑하는 사이여도 그 사람은 그 사람의 것이다. 이것을 인정해야 '존중'이 생긴다.

연애할 때 상대방의 모든 것을 알고 싶은 건 당연하다. 다른 누군가가 우리 귀염둥이에게 관심을 갖는 것도 유쾌한 일은 아니다. 그럴 때 질투나 소유욕으로 불이 활활 타오른다. 그런데 한 걸음 더 들어가 보면, 이것은 본인의 문제이다. 소유욕이 많거나 질투가 심한 사람들은 자신감이 부족하다. 전문 용어로 '결핍'이다. 스스로가 부족하다고 생각해서 그것을 타인으로부터 채우고 싶은 심리이다. 세상에 결핍 없는 사람은 없다. 다만 그 결핍을 다른 대상을 통해 채우려는 사람이 있고, 그 결핍을 받아들이고 다른 장점을 키우는 사람이 있다. 물론 전자보다는 후자가 정신 건강에 좋다.

그런데 아이러니하게도 연애는 결핍에서 시작된다. 나에게 없는 무언가를 그 사람에게서 발견하면, 그것이 부럽기보다 더 소중하고 예뻐 보인다. 그렇게 서로를 보완하며 완성되는 관계이다.

너에게 반해, 씀

♥ 유명 작가들의 인터뷰를 보면 이런 말이 꼭 나온다. "제 창작의 원천은 결핍

에서 나왔습니다." 예술가들도 마찬가지다. 결핍이 자신을 예술가로 키웠다고

말한다. 이런 말들은 과장이나 겸손이 아니다. 그들의 작품은 인생에서 가장

힘들었거나 어려웠던 결핍의 결과이다.

나의 결핍과 그 결핍이 낳은 연애사에 대해 써 보자.

[예시] 결핍과 연애의 상관관계

• 나는 학창 시절 과학과 수학 점수가 거의 바닥이었다. 그런데 공부를 잘하고 싶은 욕

  심은 굉장했다. 그런데 잘하지 못했다. 그 때문에 나는 똑똑한 남자를 좋아했다.

• 초등학교 4학년 때 부모님이 이혼했다. 그 후로 엄마와 살았고, 아빠가 재혼하기 전

  까지 정기적으로 만났다. 내 나이 30살, 연애를 두 번 했다. 둘 다 이혼 가정에서 자

  란 여자들이었다. 단란한 가정에서 자란 여자를 만나고 싶다. 그런데 나의 결핍에

  는 다른 결핍을 부르는 힘이 있는 것 같다.

25일

아무 날도 아닌 문장

심심해......

영화, 카페, 소풍, 맛집도 하루 이틀이지

인터넷에 '친구와 대만 2박 3일'이라고 검색해 보자. 친구들끼리 함께 가면 좋을 여행지와 맛집 리스트가 일목요언하게 나온다. 그것만 따라 해도 우정 여행은 대충 성공적이다.

검색창에 '데이트'만 검색해도 데이트 장소 추천, 실내 데이트 추천, 계절별 데이트 추천, 지역별 데이트 TOP10, 이색 데이트, 비오는 날 데이트 등 정보가 넘쳐흐른다. 이 정보만 실행해도 2~3년 데이트 코스는 문제없겠다. 그렇지만 시간과 사는 지역, 자금 사정 등을 고려했을 때 우리 커플이 할 수 있는 건 그렇게 많지 않다. 남의 데이트를 흉내 내거나, SNS에 자랑할 거리 마련하다가 가랑이 찢어지는 일이 발생할 수 있으니 주의를 요한다.

이런 것 저런 것 다 빼고 나면, 특별한 데이트보다는 일상적인 데이트가 우리 연애의 역사를 만들어 간다. 간혹 하품이나 지루함이 우리를 덮칠 수도 있다. 그런데 새로운 데이트를 하면 즐겁고, 비슷비슷한 데이트를 한다고 지루한 것도 아니다.

같은 재료를 가지고도 얼마든지 다양하게 요리할 수 있지 않은가.

누구는 가지를 가지고 죽어라 볶음만 하는데, 누구는 프라이팬에 기름 없이 가지를 구어 토마토와 치즈를 올려 먹는다. 누구는 죽어라 묵은지만 먹는데, 누구는 묵은지를 물에 헹궈 참기름과 깨소금 넣고 조물조물 무쳐 먹을 줄 안다. 문제는 같은 재료를 다양하게 먹을 의지다. 즉, 일상을 더 재미있게 보내려는 당신의 의지다. 그 사람과 재미난 시간을 보내고 싶은 마음이다.

 너에게 반해, 씀

작가들은 글을 쓰기 위해 단어를 따로 수집한다. 남들이 잘 안 쓰는 단어를 쓰면 좀 있어 보여서? 그건 아닐 거다. 파도치는 밤바다를 기똥차게 묘사해도 진짜 밤바다가 될 수는 없다. 처음 마셔 본 커피의 맛을 자세히 말해도 진짜 그 커피는 될 수 없다. 그래서 단어를 찾아 헤매며 글을 쓴다. 자신의 언어로 실제와 더 가까워지고 싶어서, 아니 그것이 되고 싶은 바람이다.

♥ 사랑과 관련된 예쁜 단어 몇 가지를 소개한다. 메시지를 보낼 때나 편지를 쓸 때 이용해 보자. 애칭으로 써도 좋다. 특별할 것 없는 단어도 있다. 그것을 더 아름답게 만드는 것이 당신의 능력이다. 구슬이 서 말이라도 꿰어야 보배다. 당신이 아는 단어도 함께 채워 보기 바란다. 아무 날도 아닌 그날을 특별하게 만들어 보자.

그린내 연인의 순 우리말	**사랑옵다** 사랑을 느낄 정도로 귀엽다	**다은** 따사롭고 은은한 사랑	**다솜** 애틋한 사랑
꽃잠 첫날밤	**모해** 모퉁이를 비쳐 주는 햇빛	**씨밀레** 영원한 친구	**예그리나** 사랑하는 우리 사이
그린비 그리운 남자	**나예** 나비처럼 예쁘다	**다소니** 사랑하는 사람	

고마워   사랑해   미안해

26일

권태 극복기 문장

내 너의 스토리를 알고, 너 또한 내 것을 알고 있으니

도시에서 태어나고 자란 사람들이 시골 문화에서 가장 이해 안 되는 부분이 있다. 시골집에 앉아 있으면 동네 사람들이 정말 불쑥 찾아온다. "있어?" 하고 물으면서 쓰~윽. "있어?"는 집안으로 돌격하는 게 목적이 아니다. 앉아서 밥도 같이 먹고 서로의 사정을 낱낱이 공유하겠다는 뜻이다. 이때 당사자들 뿐만 아니라, 그들의 가족, 친척, 친구, 사돈의 팔촌까지 스토리는 끝도 없이 이어진다. 그렇게 많은 말이 오가다 보면 보태지거나 빠지기도 하여 오해를 낳고 때로 다툼도 일어나지만, 결국 그들을 화해시키는 것도 스토리의 힘이다. '내 너의 사정(스토리)을 알고, 너 또한 내 것을 알고 있으니, 그래 이번에는 내 이해하지.' 요런 마음?

이런 복작복작한 관계에서도 관태기(관계와 권태기를 합한 신조어. 누군가와 관계를 지속하거나 새로 사귀는 것에 싫증이나 지루함을 느끼는 증상)가 존재할까? 너무 속속들이 알고 있어서 지루할 것 같다고? NO! 왜냐하면 자주 만나는 사이일수록 이야깃거리가 무궁무진하기 때문이다. 생각해 보라. 가끔 보는 친구들과 할 말이 더 없지 않은가. 현재 내가 직면한 일을 상세히 설명하기에 너무 긴 시간이 필요하여 귀찮을 때도 있다.

연애에도 권태기는 반드시 찾아온다. 권태기 없는 관계는 단언컨대 없다. 그런데 이 권태기는 그 사람을 다 안다고 '자만'할 때 찾아온다. 더 알 게 없어서 지루하고, 그 사람의 행동 패턴이 다 보여서 재미없고, 어떤 말을 할지 다 알아서 싫증날 때 시작된다. 권태기가 오는 것은 어쩔 수 없지만, '다 안다'는 자만은 금물이다.

기억하자. 그 사람은 알면 알수록 다 알지 못하는 우주 같은 존재이다. 함부로 예측할 수 없는 사람을 지금 사랑하고 있는 것이다. 당신 역시 그런 존재이다. 권태기에 빠졌을 때, 내가 알지 못하는 그의 스토리가 백만 개쯤 있음을 기억하라. 권태기를 살짝 피해 가고 싶다면, 평소에 서로의 스토리를 많이 쌓아 두자. 유비무환이다.

너에게 반해, 씀

♥ '소설의 구성 단계'라고 기억하는가? '발단, 전개, 위기, 절정, 결말'말이다.

소설뿐만 아니라, 이야기가 있는 모든 문학 작품, 영화, 드라마, 연극 등은 이런

구성을 띤다. 발단부터 결말까지 순서는 중요하지 않다. 갈등이나 결말을 먼저

던져 놓고 시작하는 경우도 많다. 중요한 것은 등장인물에게 닥친 위기와 갈

등, 이를 해결하는 과정과 결말이다. 사람들은 그것에 열광하며 카타르시스를

느낀다.

연인은 서로의 이야기를 알아 가고 알아내는 관계이다. 과거 어떤 일을 겪었

고, 지금 어떤 상황에 있는지 무궁무진한 스토리를 꺼내 보자. 그 전에 이야기

를 만드는 연습부터 해 볼까?

다섯 조각 이야기 만들기

다음 그림*을 보고 각 단계에 맞게 이야기를 만들어 보자.

| 주인공 | 하는 일(상황) | 갈등 | 해결 방법 | 결말 |

예시 은우는 언제나 잘 웃었다. 진짜 즐거울 때도 웃었지만 화가 날 때도 웃었다. 혼자 웅

크리고 앉아 있으면 사람들에게 외면을 받을까 봐 걱정되었다. 화를 내면 사람들이 떠날까

봐 두려웠다. 그럴수록 은우의 마음은 매일 타 들어갔다. 하루는 《화를 잘 내는 법》이라는 책

을 읽었다. 은우는 그 책을 읽고, 화를 내도 사람들이 떠나지 않는다는 사실을 깨달았다. 은

우는 진짜 웃고 싶을 때만 웃겠다고 다짐했다. 그건 인생 최고의 선물이었다.

| 주인공 | 하는 일(상황) | 갈등 | 해결 방법 | 결말 |

* 다양한 이야기를 만들 수 있도록 개발된 스토리텔링 그림 카드(이야기톡)이다.
위 방식은 이야기톡을 개발한 와이스토리에서 만든 〈다섯 조각 이야기〉를 그대로 적용했다. 일러스트 문지나.

140

너의 이야기 만들기

앞에서 배운 방법을 이용해 그 사람의 이야기를 써 보자.

과거나 현재, 또는 미래의 스토리 어떤 것도 좋다.

다섯 조각	무엇을 쓸까?	내용
주인공	연인 또는 짝사랑, 썸의 대상	
하는 일	그 사람이 하는 일 또는 지금 처해 있는 상황	
갈등	그 사람이 겪고 있는 문제나 갈등	
해결 방법	해결 방법이나 내가 제시해 주고 싶은 방법	
결말	현실 속의 결말 또는 내가 바라는 결말	

27일

다툼 후회한다 문장

싸우지 말고 사이좋게 지내자, 우리!

조선의 학자 서경덕과 황진이는 서로 좋아했지만 연인으로 발전하지 않고 스승과 제자로 남았다. 서경덕은 황진이를 떠내 보낸 뒤에 자신이 그녀를 무척 사랑했음을 깨달았고, 그 마음을 〈마음이 어린 후이니〉라는 시로 썼다. 그는 자신의 마음이 어디로 향해 있는지 미처 몰랐고, 결국 그녀를 떠나보냈다. 잠깐 읽어 볼까?

〈마음이 어린 후이니〉
마음이 어린 후이니 하는 일이 다 어리다
만중운산에 어느 님 오리마는
지는 닢 부는 바람에 행여 긘가 하노라

〔해석〕 마음이 어리석은 후이니 하는 일이 다 어리석다
　　　구름이 겹겹이 쌓인 산에 어느 임이 오겠냐만
　　　떨어지는 잎과 불어오는 바람에 행여 그 사람인가 하노라

예나 지금이나 연애할 때 가장 큰 문제는 본인의 마음을 잘 모르는

거다. '그때 알았더라면 좋았을 것'들이 얼마나 많을까? 그리고 그런 마음을 말이나 글로 잘 표현했더라면 우리 연애사는 지금보다 더 나아졌을까? 그때 그 사람이 내 곁에 더 오래 머물렀을까?

싸우다가 문득 이런 생각이 들 때가 있다. '내가 지금 왜 싸우고 있지?', '이게 싸울 일인가?' 하지만 이미 브레이크를 잡을 수 있는 타이밍은 지났고, 그 순간에도 말도 안 되는 말을 계속 내뱉고 있다.

여기서 더 가면 안 될 것 같은 순간에 브레이크를 밟는 나만의 방법을 찾아보자. 그럴 때 '스톱'을 외치거나, 세상에서 가장 불쌍한 표정으로 "우리 화해할까?"라고 말하거나, 숨을 고르는 것도 방법이다. 문제는 자존심인데, 브레이크를 밟아 본 사람들은 안다. 이기는 맛보다 지는 맛이 더 좋다는 것을.

연인 사이에는 권력이 존재한다. 그런데 그 권력은 한 사람에게만 머물지 않고 둘 사이를 왔다 갔다 한다. 그래서 지는 것도 아니고 이기는 것도 아니다. 싸우지 말자는 말이 아니다. 단지 싸우는 순간에 본인의 마음을 알아차리라는 뜻이다. 싸움 자체에 이끌리지 말고 내 감정의 경로를 알아차리자. 싸우는 순간, 자신의 마음이 어디로 향해 있는지.

너에게 반해, 쓺

♥ 신조어 중에 '남혐(남성을 혐오하다)', '여혐(여성을 혐오하다)' 같은 살벌한 단어가 있다. 젠더 문제는 사회의 어떤 문제보다 미묘하며 굉장히 복잡하다. 특히 남녀 성 역할은 지식의 정도가 아닌, 관습의 차원이기 때문에 논리로 맞서기 어려울 때가 많다. 상대방이 남자여서 또는 여자여서 이해하지 못했던 일에 대해 써 보자. 쓰다 보면 진짜 젠더 문제일 때도 있지만, 인간 대 인간의 문제일 때도 많다.

이해가 안 돼!	내 여자 친구가 화난 이유를 정말 모르겠어요. 그런데 저보고 자꾸 스스로 찾으래요. 정말 난감해요. 여자들은 왜 그래요?
해결 방법	정말 모르겠다고 가르쳐 달라고 빌어서 겨우 알아냈어요.

이해가 안 돼!	내 남자 친구는 짜증이 많아요. 짜증을 내는 패턴도 불규칙해서 더 힘들어요.
해결 방법	남자 친구를 잘 관찰해 보니 특히 컨디션이 안 좋을 때 짜증이 늘더라고요. 그래서 비타민도 사 주고, 병원도 같이 갔어요. 그래서 그런지 조금 나아졌어요.

28일

크리스마스에는 이런 문장

뭐라도 한 문장 남기고 싶을 때

썸을 타거나 지금 연애 중인 사람들에게 12월만큼 좋은 계절은 없다. 고백했을 때 성공 확률이 높아지는데다가, 연인 사이에 오가는 말과 글도 어느 때보다 달달하다. 솔로이거나 헤어진 남녀도 그렇다. 실제로 영국의 한 일간지에서 4천여 명을 대상으로 조사를 했는데, 11퍼센트가 크리스마스에 헤어진 애인에게 연락해 본 적이 있다고 응답했다. 대부분 이런 내용의 메시지일 것이다. "잘 지내? 새해 복 많이 받아.", "연말이라 잘 지내나 궁금해서. 메리 크리스마스.", "오랜만이다. 생각나서 연락해 봤어." 본론도 핵심도 없는 따분하기 그지없는 문장이지만, 성공 확률이 꽤 높다고 한다.

이 책을 읽는 사람 중 최근 5년 이내에 손으로 쓴 크리스마스카드나 연하장을 주거나 받은 사람이 있을까? 하긴 손으로 쓴 연하장을 받는다고 해도 그렇게 감동스러울까 모르겠다. 그 기쁨을 잃어버린 지 오래다. 사실 손 글씨든 휴대 전화 메시지든 크게 상관없다. 다만 한 해를 보내며 누군가에게 문장을 남겨 보자. 오직 나의 문장으로 써 보는 거다. 크리스마스나 연말에 단체 메시지를 돌려 본 적이 있는 사람은 안다. 똑같은 메시지를 보낼 때와 한 땀 한 땀 쓴 메시지의 답장 회수율은 엄청난 차이가 있다는 것을.

새해도 됐으니 조금은 단정하게, 말이 되게, 진심을 담아 써 보자. 생각이 잘 정리되어야 문장도 잘 써진다. 그 사람에게 글을 쓸 때마다 문장이 안 써지고 꼬인다면, 그에 대한 나의 생각을 좀 더 정리해 보자. 글이 꼬인다고 반드시 관계가 꼬여 있다는 뜻은 아니다. 다만, 그럴 가능성이 있으니 이번 기회에 관계도 정리해 보시라. 새해를 맞이하여.

너에게 반해, 쓴

♥ 이렇게 쓰면 덜 꼬이는 문장

❶ 일단 짧게 쓰는 연습을 해라. 그래야 긴 문장도 쓸 수 있다.

❷ 마침표를 찍기 전에 이 문장의 주어가 무엇이었는지 생각해 보자.

❸ 명사를 세 개 이상 나열하지 마라. 동사로 다 풀어 써라.

❹ 접속어를 쓰지 않아도 말이 되면 굳이 쓰지 않는다.

❺ '~의'는 의식하고 빼고 써라.

❻ 피동문은 능동문으로 써라.

❼ 한 말 또 하고, 또 하지 마라.

❽ 번역투 문장은 너무 많이 쓰고 있어서, 뭐라고 할 말이 없다. 나도 그렇고!

❾ '~같다'는 꼭 필요할 때만 써라. 본인의 마음을 추측하지 마라.

❿ 당신의 문장을 소리 내서 읽어 보아라. 부드럽게 읽히면 일단 통과!

※ 그밖에도 많지만, 최소한 10가지만 알아도 중간은 간다.

[예시] 꼬아 써 본 크리스마스 카드

민준에게

작년 크리스마스 동창 모임 가졌을 때 네가 갑자기 고백을 해서 너무 놀라서 나는 대답
도 못하고 그 자리를 박차고 나왔는데, 지금 생각해 보니 네가 더 황당했을 것 같아. 하
지만 그래도 나는 그 기회를 통해 네 마음을 확실히 알게 되었잖아. 그런데 벌써 작년이
라니, 시간이 참 빠르다. 친구로 만나 연인이 된 우리가 보낸 지난 일 년의 시간은 그 전

의 5년의 시간과는 많이 다른 것 같아. 너는 어떤 마음을 가지고 있는지 정말 궁금하다.

그런데 나는 솔직히 친구로 지낼 때보다 네가 더 좋아진 것 같아.

민준아, 이번 크리스마스도 너랑 함께 해서 정말 좋은 것 같아. 우리 재미나게 보내자.

친구들은 빼고 둘이서만 놀고 싶어. 너도 원한다면.

메리크리스마스~ 그리고 새해 복 많이 받아.

너의 콩순이로부터

고쳐 써 본 크리스마스카드

민준에게

작년 크리스마스 때 기억나? 네가 갑자기 고백하는 바람에 내가 밖으로 뛰쳐나갔던 거. 지금 생각해 보니 네가 더 황당했을 것 같아. 그래도 그 덕분에 난 네 마음을 확실히 알았고 우리 사귀게 되었잖아. 벌써 작년이라니, 시간 참 빠르다. 친구로 만나 연인으로 보낸 지난 일 년은 나에게 정말 특별했어. 너와 친구로 지낸 5년과는 비교도 안 될 만큼. 네 마음은 어떤지 궁금하다. 나는 솔직히 친구로 지낼 때보다 지금 네가 더 좋아. 말하고 나니 쑥스럽네. ><

민준아, 이번 크리스마스도 너랑 함께해서 정말 좋다. 우리 재미나게 보내자. 친구들은 빼고 둘이서만 놀고 싶어. 너도 원한다면.

메리 크리스마스~ 그리고 새해 복 많이 받아.

너의 콩순이가

세이 굿바이
문장

이별의 형태가 다음 연애를 좌우한다

이혼보다야 덜 하지만 연애도 길어지면 이별 후에 주변 관계까지 정리해야 한다. 사귀기 전에는 분명 내 친구였는데, 어느새 공동 소유가 되어 관계를 정리하기 까다로운 경우도 있다. 또 그 많은 선물은 어쩌고?

하지만 친구 정리가 뭔 문제겠는가. 주고받은 선물도 정리하면 그뿐이다. 진짜 문제는 너덜너덜해진 마음이다. 이 마음을 어떻게 정리하느냐에 따라 다음 연애, 나아가 그다음 연애에도 영향을 미친다. 무서운 말이지만 평생 당신을 따라다닐지도.

헤어지자고 서로 합의했어도 그것이 진짜 이별로 갈지 애정 확인용 해프닝으로 끝날지는 모른다. 제3자 입장에서는 분명 이별인데 미련의 끝을 잡고 계속 놓지 못하는 이도 있고, 이별이 아닌데 혼자 북치고 장구 치다 진짜 이별에 이르는 섣부른 이도 있다. 하지만 사실 본인들은 정확히 알고 있다. 이별인지 아닌지. 현재 상황을 직면하지 못하고 피하고 있을 뿐이다.

그때가 이별이든 아니든, 마침표가 확실하다면 너무 오래 붙들고 있진 말자. 하지만 오래 붙들고 있어 봐야 쉽게 놓을 수 있다. 쉽게 놔

보면 오래 붙들었던 이유도 알 수 있다. 문제는 이 모든 것을 지나고 나야 안다는 점이다. 빨리 깨닫고 대처하면서 현명하고 지혜로운 연애를 하면 좋겠지만, 경험으로밖에는 도리가 없다. 연애가 끝났다면 일단 끝 문장을 쓰자. 마침표는 당장 찍지 않아도 된다. 언젠가 찍혀 있을 테니까.

너에게 반해, 씀

요즘 서점에 가 보면 제목들이 참 재미나다. 제목만 읽어도 슬쩍 웃음이 나고 가슴 한편이 찡해진다. 어떻게 그 짧은 문장에 사람의 미묘한 감정을 담아 낼 수 있을까? 문장이 채 되지 못한 짧은 구문이 어떻게 사람의 마음을 움직일까? 글을 쓰지 않더라도 어떤 대상에 제목이나 이름을 붙여야 할 때가 종종 있다. 제목을 만드는 방법에 대해 잠깐 알아보자.

♥ 내 연애에 제목 붙이는 방법

❶ 주제와 독자가 드러나는 것이 좋다.

나의 연애에 가장 먼저 떠오르는 키워드를 두 개 정도 뽑아서 만든다. 그 키워드가 우리 연애의 주제이다.

❷ 꾸며 주는 말을 충분히 이용하자.

《우리는 만난다》보다 《우리는 언제가 만난다》가 더 가슴에 와 닿는 이유는 '언젠가'라는 말 때문이다. 《열심히 살 뻔했다》보다 《하마터면 열심히 살 뻔했다》를 더 읽고 싶은 이유 는 '하마터면' 때문이다. 꾸며 주는 말은 마음을 구체적으로 드러낸다.

❸ 소리 내서 읽었을 때 부드럽게 잘 읽히는지 점검하자.

말이 꼬이고 문장으로 잘 안 써지면, 아직 생각이 덜 정리된 것일 수도 있다.

❹ 어울릴 것 같지 않은 단어를 조합해서 만들면 감동이 두 배다.

《죽고 싶지만 떡볶이는 먹고 싶어》라는 책이 있다. '죽음'과 '떡볶이'라는 전혀 어울릴 것 같지 않은 아이러니가 사람들에게 큰 공감을 불러일으켰다. 죽도록 힘들어도 연애는 하고 싶고, 최악의 상황에서도 치킨 냄새는 향긋하다. 앞에서 배운 은유나 직유를 이용해서, 전혀 어울리지 않는 것들을 연결해 보자.

내 연애에도 그런 제목을 붙여 보자.

예시 ① 아무것도 몰라서 더 눈부셨던 20살의 너와 나

② 아직도 차마 마침표를 찍을 수가 없어서….

③ 새우깡과 고래밥

④ 매일 아침 7시 50분

오랜 시간이 지난 뒤에 문장

연애 고쳐 쓰기

중국 당나라에 가도라는 시인이 살았다. 하루는 시를 짓고 있는데 '스님은 달 아래 문을 두드리네'라는 마지막 행이 영 마음에 들지 않았다. '문을 두드리네'가 나은지 '문을 미네'가 나은지 결정하기 어려웠다. 그때 마침 유명한 시인 한유가 그 앞을 지나가고 있었다. 가도가 그에게 어느 것이 나은지 물었고, 이에 한유가 '두드리네'가 더 좋다고 말했다. 결국 이 시는 '스님은 달 아래 문을 두드리네'로 끝이 났다. 그 뒤 두 사람은 함께 시를 지으며 친구가 되었다고 한다. 갑자기 이 이야기를 꺼낸 이유는 여기에서 퇴고(推敲)라는 말이 유래되었기 때문이다. 밀 퇴(推), 두드릴 고(敲).

글을 쓸 때 한 번에 완성하는 사람은 거의 없다. 유명한 작가일수록 고치고 또 수백 번 더 고친다. 고치기만 하면 다행이게? 고치다 마음에 안 들면 모두 삭제해 버린다. 고수들만 취할 수 있는 멘탈이다. 우리 같은 보통 사람들은 아까워서 못 지운다. 처음에는 자신이 쓴 글에서 이상한 점을 발견하지도 못한다. 심지어 우리는 자신이 쓴 문장이 참 멋있다고 생각한다. 회사 보고서, 자기소개서, 문자 메시지, 편지든 무엇이든 간에. 그런데 하루만 지나면, '정녕 이 글을 내가 썼는가? 아, 이게 무슨 말이지?' 하며 후회에 몸부림치며 머리털을 뜯고 싶은 심정이 된다.

글은 얼마든지 고칠 수 있다. 내용이나 문법상 어색한 부분을 찾아내면 된다. 내가 못 찾으면 '가도'가 했던 것처럼 다른 사람에게 도움을 청해도 된다. 정 마음에 안 들면 다시 쓰면 된다. 연애할 때도 퇴고를 할 수 있다. 지금 그 사람과의 연애를 퇴고하여 더 좋은 관계로 갈 수도 있고, 안 되면 페이지를 넘기고 처음부터 다시 써도 된다. 새로운 사람과 새로운 이야기로.

너에게 반해, 쓴

요즘 글쓰기 비법(?)을 알려 주는 강의나 책이 참 많다. 들어 보면 누구나 다 아는 이야기 같아도, 그 비법을 막상 행동으로 옮기기란 쉽지 않다. 글쓰기 비법이나 스킬보다 '내가 00에 대해 정말 글을 쓰고 싶은가?'를 스스로에게 물어보는 것이 중요하다.

글은 이럴 때 쓰는 것이 좋다. 00이 너무 좋아 죽겠을 때, 00에 대해 더 알고 싶을 때, 00에게 하고 싶은 말이 너무 많을 때 쓰면 스킬이나 비법은 그다음 문제가 된다.

글을 쓰고 싶다면, 좋아하는 것에 대해 먼저 쓰는 것이 좋다. 라면이 좋으면 라면에 대해, 맥주가 좋으면 맥주에 대해, 그 사람이 좋으면 그 사람에 대해 써 본다. 그러면 퇴고도 더 잘할 수 있다. 좋아하고 사랑하는 것이 생겼다고 치자. 그것에 대해 더 잘 쓰고 싶다면, 적어도 다음 3가지는 지키자. 여느 책이나 강연에서 공통적으로 하는 말이니, 믿고 따르길.

♥ 글을 잘 쓰는 방법

❶ 묘사, 오감, 이야기를 이용하여 구체적으로 써라.

❷ 정확하게 논리적으로 써라

❸ 바른 문장으로 짧게 써라.

이제 다 썼다. 만 하루가 지났는데 차마 눈을 뜨고 볼 수가 없다.

어떻게 고칠까?

♥ 고쳐 쓰는 방법

❶ 주제나 제목은 적당한가?

❷ 내 생각이 글로 잘 표현되었는가? 잘 전달되었는가?

❸ 문단과 문단, 문장과 문장이 서로 잘 이어지는가?

❹ 바른 문장으로 썼는가?

❺ 띄어쓰기와 맞춤법은 잘 지켰는가?

5장

은근 신경 쓰이는
연애 맞춤법

언제 뵐까요?
기다릴게요

전화보다 문자가 편해!

요즘은 회사에서도 일할 때 대부분 온라인으로 소통한다. 직접 만나야 성사
되던 일도 이메일이나 메신저로 하면 더 빠르고 정확하다. 몇 년을 같이 일
하면서 얼굴 한 번 보지 못하는 경우도 있다. 일은 그렇다 치고, 연애나 우정
도 메신저로 한다. 직접 만나는 횟수는 줄이고, 메시지를 주고받거나 SNS에
서로 댓글을 달며 관계를 지속한다. 연애의 시작과 끝을 온라인상에서 하는
사람도 많다.

사실 카페에 앉아 눈을 마주 보며 고백하거나 헤어지는 것보다 휴대 전화 메
시지로 하는 게 덜 쑥스럽고 덜 민망하다. 고백할 때는 그 앞에서 차일까 봐
두렵고, 헤어질 때는 눈물 흘리는 그녀의 모습을 보기 힘드니까. 그래도 고

백이나 이별은 메시지로 하지 말고 직접 만나서 하는 게 낫다고 말하면 구시대적인 발상일까? 세상이 변해도 메신저로 해야 할 일과 '직접' 만나서 해야 할 일은 따로 있다고 이 연사 강력히 주장한다. 적어도 연애의 처음과 끝은 그러는 것이 좋다. 평소에는 달달한 메시지를 얼마든지 주고받아라.

5장에서는 건강한 문자 연애를 위한 맞춤법 코칭이 있겠다. 자주 틀리는 맞춤법만 골랐으니 연애할 때 은근 신경 쓰인다면, 이번 기회에 확실하게 알아두시라.

너에게 반해, 쓰

 처음 뵙겠습니다. 준수에게 말씀 많이 들었습니다.

안녕하세요? 김유주예요.

 언제 뵐까요? 저는 주말이 괜찮아요.

저는 토요일이 좋은데요. 어떠세요?

 그럼 1시 홍대에서 뵐까요?

예^^

 홍대 8번 출구에서 기다릴께요.

예. 그날 뵐게요.

걱정 마, 이것만 알면 돼!

큰일 났다! '뵙다'를 계속 틀리는 걸 보니 이 남자 모르는 게 확실하다. 상대방

이 그것을 의식했는지 마지막에 센스 있게 알려 줬는데 알아들었는지 모르겠

다. 그런데 안타깝게도 한 개 더 틀렸다. '기다릴께요!' 물론 맞춤법 틀렸다고

소개팅이 무산되는 경우는 없지만, 그래도 처음인데 이왕이면 틀리지 말자.

우선 '뵙'이라는 말은 없다. 기본형은 '뵈다'로 '웃어른을 대하여 본다'라는 뜻

이다. 또래끼리는 잘 안 쓰지만, 처음 만나는 사람에게는 예의상 쓴다. 여기에
서는 남자가 한 말을 모두 '뵙' 또는 '뵐'로 고치면 된다. '께요'가 아닌 '게요'가
맞다. 뭔가 약속할 때나 자신의 의지를 표현할 때 'ㄹ게'를 쓴다. 예를 들어 '약
속할게', '갈게', '줄게', '가져갈게', '연락할게', '기다릴게' 등 모두 '게'가 맞다.

 사진과 틀리네요. 훨씬 키도 크시구요.

감사해요. 세연 씨도 사진보다 이뻐요.

 아참, 저희 다음 주에 어디 갈까요?

혹시 가구 싶은데 있어요?

 아니오~ 같이 정해요.

그래요. 잘 자구요!

걱정 마, 이것만 알면 돼!

'틀리다'와 '다르다'는 워낙 유명한 맞춤법이라 많은 사람들이 알 거라 생각한
다. 간단히 말해 '틀리다'는 잘못되거나 어긋났다는 뜻, '다르다'는 두 대상이

같지 않다는 뜻이다. 따라서 여기는 '다르네요'가 맞다.

'크시구요', '가구', '잘 자구요'는 '구'대신 모두 '고'로 쓰는 게 맞다. 맞춤법으로는 '고'가 맞지만, 대화체에서 꼬박꼬박 '고'를 쓰기에는 다소 딱딱해 보인다. 단, 알고는 있자.

'아니오'는 '아니요'가 맞다. '예'의 반대말은 '아니요'이다. 존댓말로 대답할 때는 무조건 '아니요'라고 쓰면 된다. 이것을 줄이면 '아뇨'이다. '아니오'는 문장에서 서술어로만 쓰인다. 예를 들어 '내 잘못이 아니오', '나는 그 사람의 남친이 아니오'처럼 문장 끝에 쓰인다.

'이쁘다'는 몇 년 전까지만 해도 표준어가 아니었는데, 얼마 전 표준어가 되었다. '이쁘다', '예쁘다' 둘 다 마음 놓고 쓰자.

우리 사길까?
지금은 안되!

맞춤법을 모르는 게 죄는 아니지만

맞춤법이나 우리말을 잘 모른다고 큰일이 나는 건 아니다. 다만 글자를 사용하는 사람으로서, 그 글자가 누군가 어렵게 만들어 놓은 것임을 안다면 한번쯤 관심을 가져 볼 만하다.

일단 16세기 조선으로 가 보자. 지금으로서는 글자가 없다는 게 상상도 안되지만, 당시에는 우리글이 없었다. 글자는 한자뿐이라서 양반 등 지배 계층만 그것을 배워 쓸 수 있었고, 백성들은 대부분 글을 몰랐다. 그래서 우리가 존경해 마지않는 세종이 집현전 학자들과 한글을 만들었고, 왜 만들었는지 알리기 위해 따로 메시지(훈민정음 해례본)를 남겨 놓았다. 이것이 그 유명한 '나·랏:말쓰·미中듕國·귁·에달·아'로 시작하는 글이다.

그 내용을 보면 참 애틋하다. 임금이 백성을 사랑하는 마음이란 게 이런 것이구나 싶다. 조금 쉽게 풀이해 보면 대강 이런 내용이다.

"우리말은 중국말과 달라서 한자와 뜻이 통하지 않아. 그러니 백성들이 하고 싶은 말이 있어도 다하지 못하지. 가여운 마음에 새로 28자를 만들었으니 모든 백성들이 쉽게 익히고 매일 편하게 썼으면 좋겠어."

이번 기회에 '글자'에 대한 고마움을 느껴 보자. 그러다 보면 맞춤법에 대한 생각도 조금은 달라질 수 있다. 누군가 '나'를 위해 만들어 놓은 것이니 신경 좀 써 보자는 거다. 맞춤법을 완벽하게 숙지하는 것은 거의 불가능한 일이다. 예외나 규칙이 많고, 해마다 바뀌기도 한다. 게다가 한국어는 세계 수많은 언어 중에 꽤 까다로운 언어에 속한다. 그러니 우리말에 자부심과 호기심을 가지고 기본은 익히자. 신조어와 은어는 얼마든지 즐겨 써도 된다. 그것은 놀이다. 글자를 가지고 노는 일은 과거에도 있던 일이며 지금도 앞으로도 계속될 것이다.

너에게 반해, 쓴

 우리 사길까?

 지금은 안되!

 왜? 너도 좋다고 했잖아.

내가 먼저 말하려고 했는데!

 뭐야! 깜짝 놀랐잖아. 미워!

걱정 마, 이것만 알면 돼!

연인 관계로 시작할 때 "우리 연애할까?", "우리 만날까?", "우리 사귈까?" 중에 무엇이 가장 많이 쓰일까? 물론 '사귀다'이다. 많이 쓰이고 쉬운 단어인데 갑자기 헷갈릴 때가 있다. 특히 과거형으로 쓰일 때 더욱 그렇다. 왠지 '사귀었다'가 아니라 '사겼다'가 맞을 것 같은 느낌이 든다. 하지만 그 느낌은 땡! '사귀었다'가 맞다. 예문에서도 '사귈까?'가 맞다.

'되'와 '돼'도 문자 메시지에서 많이 쓰이는데 자꾸 헷갈린다. 일단 '돼'는 '되어'를 줄여 쓴 말이다. 다시 말해 '되어'로 바꿔서 쓸 수 있는 것만 '돼'로 쓸 수 있다. 예를 들어 '돼요'는 '되어요'로 바꿔 쓸 수 있으니 '돼'이고, '되지'는 '되어지'로 바꿔 쓸 수 없으니 '되'가 맞다. '너는 클럽 가는 게 되고, 나는 왜 안 되는데?'에서도 '되어고'나 '되어는데'는 말이 안 되니까 '되'가 맞다. 또 '돼'가 맨 뒤에 나올 때는 모조건 '돼'가 맞다. "안v돼!"

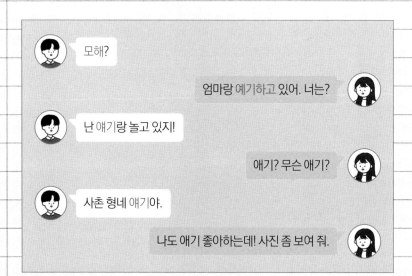

걱정 마, 이것만 알면 돼!

썸을 타고 있는 남녀가 밤중에 가장 많이 보내는 문자 1위는 "자니?", 2위는 "뭐해?"이다. 주변 통계를 낸 것이니까 순위에 너무 연연하지는 말자. 그런데 맞춤법은 틀렸어도 '모해?'나 '머해?'가 '뭐 해'보다 덜 딱딱하다. "뭐 해?"는 왠지 따지는 느낌이다. 게다가 정식으로 쓰자면 띄어쓰기도 해야 한다. 붙여 쓰면 뜻이 완전히 달라진다. '무엇하다(뭣하다)'는 내키지 않거나 무안한 느낌을 표현할 때 쓴다. 예를 들어 '그냥 있기 뭣해서 커피 먼저 시켰어.' 이럴 때 쓴다.

베이비는 애기일까, 얘기일까? 예기일까? 정답은 '애기' 또는 '아기'가 맞다. 얘기는 이야기를 줄인 말이다. 이+야+기를 하면 '얘기'가 된다.

어떡해 말해야 하는데?
우와, 지금 내가

받아쓰기의 빛바랜 추억

'받아쓰기'는 초등학교 저학년 아이들에게 큰 스트레스이다. 생각해 보면 참 가혹하다. 물론 잘하는 아이들도 많지만 글자에 서툰 아이들에게는 보통 부담이 아니다. 밥 잘 먹고 똥만 잘 싸도 칭찬받았던 그네들인데, 그깟 'ㄱㄴㄷ'으로 평가를 받다니. 말은 못 해도 참 답답할 것 같다. 누군가에게 평가를 받는다는 것이….

언젠가 동료가 이런 말을 한 적이 있다. "전 여자 친구와 이야기하는 게 가장 좋아요. 정말 재미있어요." 주변 커플이나 부부를 보면 대화가 잘 안 된다는 사람들이 더 많은 탓인지 그 말이 이해가 안 되었다. 그래도 이렇게 말했다. "정말 대단하네요! 얼마나 좋으세요." 물론 속으로 딴생각을 했다.

'그게 가능한가? 남녀의 생각 구조가 다르고 어휘도 다른데. 대화가 가장 재미있다니! 사랑하는 것과 재미있는 대화를 혼동하는 거 아닌가?', '재미있는 대화란 자고로 주거니 받거니 끊이지 않은 '핑퐁핑퐁'과 다양한 추임새가 섞여야 제맛 아닌가?'.

그런데 그 사람이 생각하는 좋은 대화란 조금 다른 차원이었다. 양념이 꽉꽉 들어간 들뜬 대화가 아니라, 무미건조하더라도 평가 없고 나를 지지해 주는 대화였다. 가면을 쓰지 않아도 되는 관계는 가족이든 친구든 연인이든, 그 누구든 한 명이면 된다. 그 사람과의 대화가 좋은 것은 평가받지 않아도 되기 때문이다. 내가 무슨 말을 하든 있는 그대로를 받아들여 주는 관계야말로 '이야기하기 가장 좋은 사람'이다.

말과 글에 늘 평가받으면서 살아온 우리다. 그런데 그것이 누구를 위한 것인지 생각해 보자. 나를 위한 건가, 남을 위한 건가. 본인이 행복한 말과 글이 우선이다. 그래야 남을 위한 말과 글도 제대로 나온다. 부디 평가에서 자유로운 말과 글을 누리자.

너에게 반해, 씀

 네가 잘못한 거네. 그렇게 말하면 안 되지.

오빠, 무슨 말을 그렇게 해?

 내가 뭐? 그럼 내가 어떡해 말해야 하는데?

우와, 지금 내가 잘못했다는 거지?

 그렇지. 그 상황에서 그런 말을 하는 사람이 어디 있어?

그래 너 잘났다!

 뭐? 너? 나니까 충고도 해 주는 거야.

걱정 마, 이것만 알면 돼!

맞춤법 이야기는 살짝 뒤로 하고, 이 오빠는 이미 중죄를 저질렀다. 위와 같은 대화는 복사해서 붙여 쓰기를 해도 될 만큼 남녀 사이에 자주 오가는 대화이다. 여자는 오빠에게 평가받으려고 말한 것이 아니다. 오빠는 여기에서 평가와 해결의 본능을 꺼낼 필요가 없다. 이미 여자도 그쯤은 알고 있으니까.

자, 그럼 맞춤법을 고쳐 보자. '어떡해'는 '어떻게'로 고쳐 써야 한다. 어떡해는 '어떻게'와 '해'가 합쳐진 말이다. 그래서 보통은 문장의 맨 끝에 쓴다. 예를 들

어 '나는 누나가 좋은데 어떡해', '시간이 너무 늦어서 어떡해'와 같이 쓴다. '어

떻게'는 '어떠하다'와 '~게'가 합쳐진 말로 부사형으로 쓰는 말이다.

'우와'는 뜻밖에 기쁜 일이 생겼을 때 내는 소리 '우아'가 맞는 표현이다. 여기

서는 분위기상 어울리는 말도 아니니 쓰지 말자. 가뜩이나 기분 나쁜데, '우아'

라니!

맨날 오해만 싸이구.
왠만하면 이런 말

ㅋㅋㅋ대마왕과 이모티콘 공주님

긴 글보다 짧은 글이, 글보다 그림이나 사진이 사람들에게 더 사랑받게 된 것은 언제부터일까? 요즘은 미처 한 가지를 이해하기도 전에 트렌드나 지식 정보가 다른 것으로 바뀌다 보니 까딱하다가는 뒤처진 사람으로 취급받기 일쑤다. 그러니 그 정보를 빨리빨리 습득하려면 긴 글보다는 짧은 글이 낫고, 글보다는 그림이나 사진이 더 편하다. 또 어렵고 복잡하게 설명하는 사람보다는 쉽고 재미있게 설명해 주는 사람의 글이나 말이 더 각광받는다. 그러니 지식을 공급하는 쪽이나 받는 쪽 모두 '쉽고 빠르게'가 포인트다.

의사소통도 마찬가지이다. 복잡하고 미묘한 감정을 일일이 설명할 만큼 시간이 넉넉하지 않다. 그래서 수많은 뜻을 내포하는 ㅋㅋㅋ와 ㅎㅎㅎ 내지는

ㅜㅜ처럼 자음이나 모음을 단독으로 사용하여 자신의 뜻을 전달한다. 이모티콘은 어떤가. 울고 웃는 단순한 감정이나 사물 그림 정도였던 이모티콘이 급격한(?) 발전을 이뤄 냈다. 갖가지 캐릭터와 가정·학교·직장 등의 공간과 부모·친구·애인·상사 등의 인간관계, 그리고 인간의 미묘한 감정들까지 이모티콘으로 표현하지 못하는 건 없다.

이렇다 보니, 실제로 일어난 사실 자체는 글로 쓰지만, 감정은 대부분 이모티콘으로 표현한다. '쉽고 빠른' 이모티콘이 나보다 내 감정을 더 잘 표현해 주니 말이다.

이모티콘이나 신조어 등을 많이 쓰는 바람에 문장이나 맞춤법이 망가졌다고 단정할 수는 없다. 그러나 반복해서 쓰더라도 틀리게 쓰다 보니 그것이 습관이 된 것은 사실이다. 또한 내 감정을 글 아닌 것들로만 표현하다 보니 스스로 표현하고 만들어 내는 능력이 떨어질 수밖에. 기계도 안 쓰면 고장 나는데, 하물며!

인간의 감정은 상당히 복잡하다. 감정을 간단히 표현한다고 해서 감정 자체가 심플해지는 건 아니다. 도리어 미처 밖으로 내보내지 못한 수백 개의 감정 실이 얽혀 우리 안에 쌓여 갈 뿐이다. 그러니 때로는 복잡하고 미묘한 우리의 연애 감정을 긴 글로 풀어 줘야 한다. ㅋㅋㅋㅋ와 이모티콘 도움 없이 온전한 당신의 목소리로.

너에게 반해, 씀

 맨날 오해만 싸이구. 정말 힘들다.ㅜㅜ

연지야, 나도 할 만큼 했어.

 할 만큼 했다니? 그게 무슨 소리야? 잘못을 누가 했는데?

웬지 내 잘못이라는 말로 들린다.

 그럼 내 잘못이야?

누가 네 잘못이래?

 와, 금새 자기가 그렇게 말했으면서.

내가 웬만하면 이런 말 안 하는데⋯.

걱정 마, 이것만 알면 돼!

이 싸움은 왠지 쉽게 끝날 것 같지 않다. 일단은 서로 문제를 해결하려는 의지

보다는 말꼬리만 물어뜯겠다는 각오가 엿보인다.

'싸이구'는 몰라서 틀렸다기보다 너무 화가 난 나머지 발음대로 쓴 것 같다. 일

단 '쌓이고'가 맞다. 이것과 조금 헷갈리는 단어가 있다. 예를 들어 '팬들이 지

코를 둘러쌌다.'에서 '둘러쌌다'의 기본형은 '둘러싸다'이다. 'ㅎ'은 절대 안 들

어간다.

남자가 쓴 '웬지'와 '웬만하면'는 한 개는 맞고, 한 개는 틀렸다. 어느 것이 맞을까? '웬'과 '왠'은 신경 쓰지 않으면 헷갈리기 딱 좋다. '웬'에는 '어찌 된' 또는 '어떤'이라는 뜻이 있다. 예를 들어 '이게 웬 떡이냐!', '웬 걱정이 그렇게 많니.', '네가 웬일이야?' 등처럼 쓰인다. '왠'은 '왜(why)'를 생각하면 쉽다. '왠'은 '왜인지'가 줄어든 말이다. 예를 들어 '멀리서 걸어오는 여친 얼굴이 왠지 불길하다. 내가 뭐 잘못했나?', '오늘은 왠지 닭발이 먹고 싶네.' 등처럼 쓰인다. 따라서 위 대화에서는 '웬지'는 '왠지'가 맞다.

끝으로 '금새'는 '금세'로 고쳐 써야 한다. 금세는 '금시에'가 줄어든 말이다. 금시(今時)는 한자어이며 '바로 지금'이라는 뜻이다.

마침표를 찍어야 하는 순간에도 뜻 모를 줄임표만

너와 나의 문장 부호는?

사랑하는 사람과 말과 글을 나눈다는 것은 참으로 따뜻하고 정겨운 일이다.
반대로 끊임없는 오해와 억측을 탄생시키기도 한다. 그래서 우리는 누군가
를 만날 때, 사랑할 때, 헤어질 때 자신의 말과 글을 의식하고 늘 경계해야 한
다. 어쩌면 의식하지 못하는 사이에, 당신의 말과 글은 생각보다 훨씬 엉망
이 되어 있을지도 모른다.

상대방이 오해하거나 억측하지 않도록 내 말과 글을 더 분명하고 확실하게
해 주는 것들이 있다. 고맙게도! 모든 글에는 문장 부호가 붙는다. 모든 말에
도 보이지 않는 부호가 있다. 마침표(.), 물음표(?), 느낌표(!), 쉼표(,), 가운뎃
점(·), 큰따옴표(""), 작은따옴표(''), 줄임표(……)들이 각자의 자리에서 제

역할을 다할 때 말과 글도 살아난다. 잘 쓰지 못하면 오히려 독이 되기도 하지만.

연애에도 그런 부호들이 있다. 사귀겠냐는 가슴 뛰는 물음표, 좋아서 어쩔 줄 모르는 순간의 느낌표, 잠시 쉬고 싶은 쉼표와 그 사람의 손을 놓아야 하는 마침표의 순간이 있다. 그런 순간이 왔을 때 그것이 어떤 뜻인지 모르면 참 답답하다. 잘 몰라서도 어렵고, 내 뜻과 달라서도 그러하다.

어떤 순간에는 물음표가 아닌 마침표이기를, 어떤 때는 마침표가 아닌 쉼표이기를 바라기도 한다. 뜻 모를 줄임표만 계속 찍어 대던 그를 기다리지 못해 스스로 마침표를 찍어 버려 후회했던 적도 있다.

말과 글, 그리고 관계의 문장 부호에 대해 생각해 본다. 그때 우리는 어떤 부호였을까? 그리고 지금은 어떤 모습일까?

너에게 반해, 쓴

걱정 마, 이것만 알면 돼!

다음 다섯 가지만 알면 글을 쓸 때 문장 부호로 스트레스 받을 일은 절대 없다.

❶ 그 흔한 마침표

① 한 문장에 두 개의 마침표

어떤 말이나 글을 인용하여 따옴표 안에 넣을 때 마침표를 찍는다. 그러면

그 문장에는 마침표가 두 개가 된다.

🔵 또치가 둘리에게 "사랑해." 하고 말했다.

② 찍지 않는 마침표

모든 문장에는 마침표를 찍는 것이 원칙이나, 제목이나 표어 등에는 찍지

않는다.

🔵 영화 〈결혼은 미친 짓이다〉

❷ 의심과 빈정거림의 물음표

① 의심되거나 빈정거리는 감정을 표현할 때 쓴다. 괄호 안에 넣어 사용한다.

🔵 너 쇼핑만 5시간째야. 네 체력 짱(?) 좋다.

❸ 쉼표, 너의 자리는

① 그리고, 그러나, 그런데 등의 접속 부사 뒤에는 쓰지 않는다.

② 문장과 문장을 연결할 때나 두 문장의 관계를 분명히 할 때 쓴다. 단, 쉼표

　가 없어도 뜻이 통하면 안 써도 된다.

　　예 썸이란 서로 좋아하고 관심이 있는데, 아직 "사귀자."라는 말을 분명하게 하지 않

　　　은 관계이다.

　　예 모임 끝나고 바로 집으로 갈 거지?

③ 꾸며 주는 관계를 분명히 나타낼 때 쓴다.

　　예 승훈이는, 울면서 떠나는 준희를 차마 잡을 수 없었다.(준희가 운 것이다.)

　　　승훈이는 울면서 떠나는 준희를 차마 잡을 수 없었다.(승훈이가 운 것이다.)

❹ 작은따옴표의 큰 쓰임새

① 인용한 말 안에 또 인용한 말이 있을 때

　　예 그녀는 "준호가 '나 다른 사람 생겼어.'라는 말만 남긴 채 전화번호를 바꿨어요."라

　　　고 말했다.

② 마음속으로 한 말을 쓸 때

　　예 나는 '소영이는 어디를 가나 인기가 있군.' 하고 생각했다.

③ 문장에서 중요한 부분을 강조할 때

예 연애할 때는 '말'과 '글'이 중요하다.

❺ 3개짜리 줄임표

줄임표는 할 말이 없을 때, 생략할 때, 머뭇거릴 때 쓴다. 쓰고 싶은데 줄임표를

몇 개 찍어야 하나 고민했던 적이 있을 거다. 원래는 가운데에 6개를 찍었는데,

이제는 3개만 찍어도 된다. 3개 또는 6개를 찍되, 너무 자주 쓰지는 말자. 할 말

없고 맨날 머뭇거리면, 글쎄…. 이렇게 된다.

6장

필사적인
연애 필사

두 사람이 주고받는 단어의 개수로는
서로에 대한 애정을 측정할 수 없다

You can't measure the mutual affection of two human
beings by the number of words they exchange.

_밀란 쿤데라 Milan Kundera

당신의 아름다움에
나는 어떻게 시를 쓰는지 알았습니다.

In your beauty, how to make poems.

_잘랄루딘 루미 Muhammad Rumi

인간의 감정은
누군가를 만날 때와 헤어질 때
가장 순수하며 가장 빛난다.

Man's feelings are always purest and most glowing
in the hour of meeting and of farewell.

_장 폴 리히터 Jean Paul Richter

자기 자신에 대한 사실을
말하지 않는 사람은
다른 사람에 관한 사실도
말할 수 없다.

If you do not tell the truth about yourself,
you cannot tell it about other people.

_버지니아 울프 Virginia Woolf

이 사랑의 꽃봉오리는
여름날 바람에 마냥 부풀었다가,
다음 만날 때에선
예쁘게 꽃필 거예요.

This bud of love, by summer's ripening breath,
May prove a beauteous flower when next we meet.

_셰익스피어 William Shakespeare

7장

고상하지 않은
연애 생존 글쓰기

생애 한 번,
읽는 희열

누군가에게 주고 싶을 때까지

"글을 잘 쓰려면 어떻게 해야 할까요?"라는 질문에 글을 좀 쓰는 누구나 이렇게 말한다. 약속이나 한 듯.

"많이 읽으세요."

아이러니한 것은 책을 많이 읽어서 덕을 본 적 없는 사람조차도 입버릇처럼 말한다.

"많이 읽으세요."

많이 읽으면 쓰고 싶어지고, 많이 쓰려면 읽지 않을 수 없다. 잘 읽고 잘 쓰는 사람은 알아서들 잘하니 무슨 말이 더 필요하겠는가. 다만 읽기도 싫고 쓰기는 죽기보다 싫은 사람들에게 해 줄 말이 있다.

"많이 읽지 마세요. 단, 좋아하는 책을 한 권만 끝까지 읽으세요."

독서 경험이 많든 적든, 유식하든 무식하든, 유명하든 무명하든 많이 읽으라고 하는 이유는 무엇일까? 기억하고 있기 때문이다. 마지막 장까지 읽어 냈을 때 느꼈던 그 희열 말이다.

책을 즐겨 읽고 좋아하는 사람들이야 그 희열의 깊이와 다양성까지 체득하여 극한의 읽기 고통도 기꺼이 감수해 내지만, 우리 같은 보통의 독자들은 가끔씩만 느껴도 된다. 집에서 학교에서 직장에서 사회에서 많이 읽으라고 아무리 외쳐도 그건 그 사람들의 희열이다. 다만 책에서 발견한 좋은 단어와 문장에 충분히 머물러 보자. 그 순간을 느끼는 것이다. 사랑하는 사람에게 주고 싶을 때까지라면 더 좋겠다.

너에게 반해, 쓺

옛 어른들은 누군가를 좋아할 때, 하늘의 별을 따 주겠다는 어마어마한 거짓말을 했다. 우리는 더 한 것을 해 보자. 자신이 좋아하는 단어를 그 사람에게 주는 것이다. "자, 이거 이제부터 네 거야!"

when 밸런타인데이, 화이트데이, 빼빼로데이, 로즈데이, 키스데이 등 연인을 위한 날 선물 속에 살짝 넣어 주면 은근 좋아함.

독자가
한 명 이하인 글쓰기

남에게 안 보여도 되는 글쓰기

어느 정도 읽기가 되면 '나도 한번 써 보고 싶다.' 하는 마음이 생긴다. 혼자 쓰고 보는 일기에서 독자가 존재하는 SNS 글쓰기까지 쓰다 보면, 책을 한 권 내고 싶은 마음까지 불끈 솟는다. 요즘 여기저기에서 '읽고 쓰는 열풍'이 다양한 형태로 발산되고 있는데다가 출간 방법도 과거에 비해 더 쉬워졌다. 하지만 누구나 대중적 글쓰기를 할 수 있는 시대가 되었다고 해도 보통 사람에게는 여전히 어려운 분야이다. 그런데 그것을 꼭 남들 앞에서 해야 하는 것일까? 혼자 쓰고 보고, 혼자 좋아하면 안 되나?

언제부턴가 일기나 편지 등 독자가 한 명 이하인 글쓰기보다는, 독자를 몰고 다니는 글쓰기를 목표로 삼는 사람들이 많아졌다. SNS 글쓰기나 책도 다수의 독자를 필요로 한다. 이런 글쓰기 열풍이 나쁘다는 말은 아니다. 다만 개인적인 글쓰기가 얼마나 숭고하고 아름다운지 알자는 말이다. 세상에는 이런 글쓰기도 있고 저런 글쓰기도 있다. 남에게 보여 주기 위한 글쓰기만 의미 있는 것은 아니다.

대중적인 글쓰기에만 매달려, 쓰기가 주는 본연의 희열을 놓치지 말자. '좋아요'를 많이 받는 인기 글이나 스테디셀러·베스트셀러 반열에 오르는 책들은 다 이유가 있다. 그건 작가 개인의 글쓰기 능력으로만 될 수 있는 게 아니다. 그것을 좇느라 시간을 허비하지 말자. 대신 독자가 한 명 이하인 글쓰기를 통해 '쓰는 희열'을 먼저 느껴 보자. 남들의 평가는 없다. 위축되지 말고 안심하고 쓰자!

너에게 반해, 씀

편지에는 단 한 명의 독자만 존재한다. 생일이나 기념일도 우리만의 것이다. 그런 날 그 사람을 위해 한 문장을 써 본다. '넌 정말 예뻐.', '넌 정말 좋은 사람이야.' 등의 한 문장이 주는 파워, 믿습니까?

when 그 사람에게 생일이나 우리만의 기념일(50일, 100일, 200일, 300일…) 등에 선물한다.

지금,
내가 쓸 수 있는 것

뭐해? 난 네 생각해!

중국 송나라 때 구양수라는 작가는 글을 잘 쓰려면 많이 듣고, 많이 읽고, 많이 생각하라고 했다. '다문다독다상량(多聞多讀多商量)'이라고 들어 봤을 것이다. 여기서 다상량(多商量)을 한자 그대로 풀이하면 많이 헤아리고 또 헤아리라는 뜻이다. 이는 남의 생각을 자기 안으로 들여와 여러 각도에서 곱씹어 보고 거기에 자신의 생각을 얹는 과정이다. 그런데 밖에서 들어오는 정보가 많다 보니, 하나의 대상을 '생각하고 헤아릴 시간'을 미처 갖지 못할 때가 많다. '외부 정보', 즉 다른 사람의 생각을 담기에도 바쁜 세상이니까.

물론 많이 생각하면 잘 쓸 수 있지만, 글을 쓰다 보면 자연히 생각도 많이 하게 된다. 때로 어떤 개념이나 정보, 다른 사람의 뛰어난 생각이나 통찰력에 기대어 쓰기도 하지만, 그런 순간에도 본인 생각이 정리되어 있지 않으면 한 줄도 쓰기 힘든 게 글이다.

다른 글에 비해 일기나 편지글을 쉽게 쓸 수 있는 이유도 평소에 생각하는 것들을 주로 쓰기 때문이다. 머릿속에서 바로 그림이 그려지는 것이 '지금 내가 쓸 수 있는 것'이다. 그것이 '자신'이어도 된다. 현재 공부하고 있는 어떤 개념이어도 좋다. 꿈이나 직업과 관련된 것이어도 된다. '자꾸 니 생각만 나.'에서 '니'여도 된다. 하루 종일, 그것도 엄청나게 많이 생각나게 만드는 일생일대의 '니'라면 더 좋고!

 너에게 반해, 씀

그림으로 내 마음을 표현해 보자. 그림은 못 그려도 된다. 도형이나 간단한 선을 이용해도 된다. 그림으로 부족하다면 말풍선을 달아도 좋겠다.

when 소개팅하고 세 번째쯤 만났을 때, 싸우고 조금 서먹해졌을 때, 좀 더 같이 있고 싶은데 그만 헤어져야 할 때.

글을 쓰고 싶다는
너의 속마음

아, 나도 글 써야 하는데. 언제 쓰지?

진짜 고수들은 소리 소문 없이 조용히 연애한다. "아, 연애하고 싶다." 하고 백날 말만 하는 사람 치고 연애 잘하는 사람 별로 없다. 이런 사람들과 대화해 보면 '연애'를 굉장히 추상적으로 생각한다. 비현실적이다 못해, 진짜 하고 싶은 건지 아닌지 스스로도 잘 모른다.

글쓰기나 책 출간에 관심이 많은 사람들도 그렇다. "아, 글 써야 하는데.", "나도 책 한 권 내야 하는데."라고 말하지만 막상 구체적으로 물어보면 본인이 진짜 원하는 것을 잘 모른다. 역시 '책'이나 '글'을 추상적으로 생각하기 때문이다. 여기서 잠깐 우리의 속마음을 들여다보자. "글(책)을 쓰고 싶다."라고 말할 때 내 속마음은 어디에 가까울까?

❶ 마음이 답답해서 그냥 쓰고 싶다. ☐

❷ 생각을 정리해 보고 싶다. ☐

❸ 나 혼자 읽고 싶다. ☐

❹ 사람들에게 보여 주고 싶다. ☐

❺ 책 자체를 출간하고 싶다. ☐

❻ 글쓰기가 목적은 아니다. 단지 OO에 대해 말하고 싶을 뿐. ☐

대상이나 목적에 따라 다르지만, ①번과 ②번으로 대답하는 사람이 꽤 많다. 책 자체를 출간하는 것이 목적이 아니라, 자신의 마음을 토로하고 정리해 보고 싶은 마음이 더 크다. 이렇게 글을 쓰고 싶은 나만의 이유를 스스로 찾아야 한다. 이는 본격적으로 글을 쓰거나 출간을 목표로 하더라도 한 번쯤 거쳐야 하는 과정이다.

간혹 곧바로 ⑥번이라고 말하는 사람도 있는데, 사실 이들이 책을 출간할 확률이 가장 높다. 생각을 정리하는 것이 목적이라면, 1장 9일 '우리를 주제로 목차 만들기'를 다시 읽어 보자. 생각을 정리할 때는 목차 만들기가 최고다!

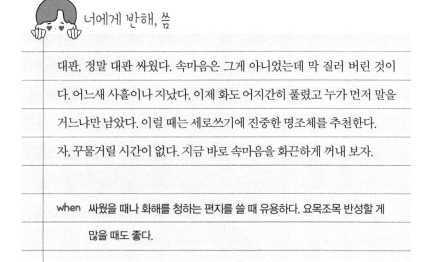

너에게 반해, 쏨

대판, 정말 대판 싸웠다. 속마음은 그게 아니었는데 막 질러 버린 것이다. 어느새 사흘이나 지났다. 이제 화도 어지간히 풀렸고 누가 먼저 말을 거느냐만 남았다. 이럴 때는 세로쓰기에 진중한 명조체를 추천한다. 자, 꾸물거릴 시간이 없다. 지금 바로 속마음을 화끈하게 꺼내 보자.

when 싸웠을 때나 화해를 청하는 편지를 쓸 때 유용하다. 요목조목 반성할 게 많을 때도 좋다.

나는 왜
솔직하지 못할까?

'자기 미화'도 습관이다

심리적으로 어려움을 겪는 사람들에게 "남에게 인정받으려고 하지 마세요."
라는 말은 너무 흔한 처방이다. 인정 욕구에서 벗어나면 살기 편해진다는 것
을 왜 모르겠는가. 할 수만 있다면 부모, 형제, 선생, 친구, 연인, 지인이 주는
인정과 칭찬에서 완벽하게 멀어지고 싶다. 그러나 사람은 누구나 그 인정에
조금쯤 의존해 살고 있으며, 완전히 자유로운 사람은 세상에 없다. "남에게
인정받으려고 하지 마세요."라고 말하는 사람조차도.

그런데 매순간 남의 인정에 목말라 허덕이고 있다고 생각해 보자. 그건 지
옥이다. 예를 들어 연인에게 인정받고 싶어서 한 일인데 상대방이 알아주지
않으면 어떨까? 그 일 자체가 무의미해지고, 그 일을 한 나 역시 무의미하다.
상대방이 인정은 해 주지만 반응이나 보상이 없으면? 상대방이 나를 사랑하
지 않는다는 의심이 생긴다. '진짜 나'는 버린 채 '인정받는 나'가 연애를 하

고 있으니 번뇌와 고뇌는 나날이 깊어진다.

인정받기 위한 '자기 미화'도 습관이다. 습관처럼 '자기 미화'를 하다 보면 자신의 말과 글도 인정 욕구에 허덕일 것이다. 그 결과로 자신의 말과 글이 형형색색으로 꾸며져 진짜 '나'를 그 속에 파묻을지도 모른다. 또한 '진짜 나'와 멀어지고, 본인의 좋은 점마저 잃게 된다. 말이나 글에서 끝나면 다행 이지만, 삶 전체가 갈증에 시달리게 되니 문제다. 나를 '있는 그대로' 드러내 자. 상대방을 주어로 내세우지 말고, '나'가 주어인 말과 글을 연습하자. 나에 대해서 '솔직하게' 말할 수 있는 자가 진짜 행복한 사람이다.

너에게 반해, 쓴

나에 대해 글을 쓴다는 가정하에 첫 문장을 써 보자. 단, 솔직하게! 어떤 문장으로 나를 설명할 수 있을까? 4장 21일 '이런 느낌 처음인 문장'을 참고해도 좋다.

when   아직 썸을 타고 있거나 서로 알아 가는 과정에서 이 메시지를 보내 보자. 문맥 없이 갑자기 보내지 말고, 적절한 타이밍에 보내기. 사귀기로 한 날 밤에 보내도 효과 만점이다.

한결같이 부지런하고
끈기 있기가 쉽냐고

좋아서 꾸준히 썼다!

'꾸준히'는 '한결같이 부지런하고 끈기 있는 태도로'라는 뜻의 부사이다. 뜻을 알고 보니 더 대단해 보인다. 부지런하기도 힘든데 한결같고, 거기에 끈기까지 있어야 하니…. '꾸준히'의 뜻이야 어디 하나 나무랄 데 없이 완벽하지만, 이 단어는 늘 무겁고 부담스럽고, 진지하다. 새해마다 우리를 비장하게 만들다가, 연말에는 그 앞에 무릎을 꿇게 하는 그런 존재이다.

왜 이렇게 늘 비장하고 진중할까? 꾸준히 공부하다, 꾸준히 준비하다, 꾸준히 살을 빼다, 꾸준히 관리하다 등 대부분 열심히 하다 보면 미래에는 결실이 보장되나 현재에는 별로 즐겁지 않은 것들이기 때문이다.
'꾸준히' 읽고 쓰는 일도 마찬가지다. 한 분야에 정통하거나 세상에 이름을 떨친 사람들은 어찌 그리 읽고 쓰는 일을 좋아하시는지. 그들 중에는 태생적으로 읽고 쓰는 것을 즐기는 자도 있지만, 보통은 다음 두 가지로 나뉜다. 하나는 어쩌다 읽고 쓰는 맛을 알게 된 사람들이다. 그것 때문에 늘 즐겁고 기쁘지 않지만, 그 맛을 알기에 '꾸준히' 하려고 노력한다. 다른 하나는 자신이 좋아하는 것을 잘 골라 읽고 쓰는 사람들이다. 그들은 자신이 어떤 책을 읽을 때 조금 더 행복한지, 어떤 글을 쓸 때 몇 줄 더 쓸 수 있는지 알고 있다. 전자보다는 읽고 쓰기를 '꾸준히' 할 확률이 높다.

좋아야 꾸준히 할 수 있다. 남들이나 사회가 바라는 '꾸준히'는 버려도 된다. 내가 읽어서 행복한 글, 내가 써서 기쁜 글을 써야 평생, 오래, 꾸준히 쓸 수 있다.

너에게 반해, 씀

이 어찌 아니 기쁜가! 사귀고 나서 처음 맞는 그(그녀)의 생일이다. 비싼 선물을 하자니 부담스럽고, 너무 싼 것도 좀 그럴 때 엽서 한 장 써 보자. 4장 23일 '태어나서 고마운 문장'을 참고하시라!

when 서로의 생일날(매해 연인에게 받은 생일 엽서를 모아 보자. 단, 발신자가 모두 같은 사람일 수는 없다.)

PLACE
STAMP
HERE

Love

AIR MAIL
EUROPE

To : _____

Address : _____
_____

누군가를 향해
글을 쓴다는 것은

독자요? 글쎄, 누구로 할까요?

일기를 쓸 때는 독자 따위 생각할 필요가 없다. 《안네의 일기》나 《난중일기》처럼 특별한 경우를 제외하고, 후세 사람들이 우리 일기를 볼 가능성은 매우 희박하니까. 혹여 자신이 위인이 될 것 같은 예감이 든다면 일기도 꼭 가려(?) 쓰기 바란다.

사람들이 의외로 자주 저지르는 실수가 있다. 정말 많은 사람들이 글을 쓸 때 독자를 염두에 두지 않는다. '읽을 테면 읽어라, 나 좋을 대로 나는 쓴다.'는 식이다. 간혹 원고를 들고 출간 제의를 하는 사람들조차도 "독자를 누구로 생각하세요?"라고 물으면 겸연쩍은 얼굴로 이렇게 되묻는다.

"아, 독자! 글쎄요⋯. 누구로 하면 될까요?"

독자를 고려하지 않는 작가는 있을지언정, 독자가 없는 글은 세상에 없다. 아침부터 잠자리에 들 때까지 들락거리는 문자 메시지 창에도 나의 독자는 늘 존재한다. 사랑하는 나의 독자에게 글을 쓸 때, 당연히 그를 생각하며 쓴다. 또한 그가 듣고 싶어 하는 말이 무엇일지 생각하며 쓴다.

다른 글을 쓸 때에도 마찬가지이다. 그것이 어떤 글이든 독자가 누구인지 잊으면 안 된다. 글을 쓰는 순간순간 상기해야 한다. 온라인 친구인지, 학교 선후배인지, 직장 상사인지, 면접관인지, 대중인지, 어른인지, 아이인지, 연인인지, 친구인지를 잊지 말자. 그리고 그들이 내 글을 읽는 '목적'도 반드시 기억해야 한다. 바로 그 목적이 내 글의 핵심이기 때문이다. 이 또한 글을 마치는 순간까지 잊지 말아야 한다.

이 두 가지만 붙들고 써도 글의 완성도가 확 올라간다. 사실 인생의 모든 일이 마찬가지 아닌가. '나는 누구와 왜 이것을 하고 있는가?'에 대한 물음말이다.

 너에게 반해, 쓴

야호, 성공이다. 올해에는 크리스마스에 혼자가 아니다. 그뿐인가? 사귄

지 얼마나 됐느냐는 질문에 당당히 일 년이라고 말할 수 있다. '횟수'로

라는 말은 굳이 안 한다.

when 크리스마스 또는 새해에 쓴다. 이 카드는 왠지 의미가 더 크다. 우리의

내년을 약속할 수 있으니까.

WE WISH YOU A VERY

Merry Christmas

쓰기는 생각과 말과
행동의 어디쯤?

쓰기의 거룩함

고등학교 때 유독 좋아했던 작가가 있었다. 그의 책들은 언제나 책장에서 가장 좋은 자리를 차지했다. 한창 국어 선생님이 되고 싶었던 때라 교육 철학에 대한 그의 생각과 말이 죄다 멋져 보였던 때다. 그런데 세상에! 대학생이 되어 그 작가와 밥을 먹게 되었다. 하지만!

그날 나는 집에 돌아와 방문을 잠그고 그의 책을 박박 찢었다. 지금 생각하면 웃기고 귀여우나, 당시는 꽤 심각했다. 우선 그의 글에서 느꼈던 깨끗한 '무엇'이 없었다. 독자를 향한 다정함과 세상을 향한 연민도 전무했다. 무엇보다 그는 팬이라고 말하는 21살 소녀에게 눈길 한 번을 주지 않았다. 솔직히 이게 문제였다! 눈길!

그의 잘못은 없었다. '글'과 '사람'을 구분하지 못한 나의 문제였다. 다행인 것은 그 사건(?)이 약이 되었는지, 그 뒤로 어떤 사람의 '글'이 그의 말이나 행동과 달라도 놀라지 않는 성숙한(?) 교양인으로 살게 되었다.

독자일 때 우리는 '글'이 진실이기를 바란다. 또한 한 줄이라도 글을 쓰는 모든 사람은 '쓰기의 거룩함'을 알고 있다. 모종의 다른 목적이 있지 않고서야, '글'을 쓰는 사람은 바르고 싶어 한다. 자신이 맛본 것 중에 가장 좋은 것을 쓰고 싶어 한다. 인지상정을 담고 싶어 한다. 살다가 가끔은 삐딱선을 탈 때도 있지만, 쓰는 순간만큼은 자신이 알고 있는 것 중에 가장 반듯한 것을 꺼내 든다. 글자를 처음 쓰고 배웠던 네모 칸의 반듯함이 바로 '쓰기의 힘'이다. '쓰기'는 생각과 말과 행동의 어디쯤에 있어야 할까? 이것이 늘 문제로다.

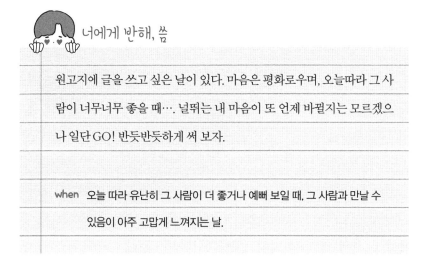

너에게 반해, 씀

원고지에 글을 쓰고 싶은 날이 있다. 마음은 평화로우며, 오늘따라 그 사람이 너무너무 좋을 때…. 널뛰는 내 마음이 또 언제 바뀔지는 모르겠으나 일단 GO! 반듯반듯하게 써 보자.

when 오늘 따라 유난히 그 사람이 더 좋거나 예뻐 보일 때, 그 사람과 만날 수 있음이 아주 고맙게 느껴지는 날.

경험만이
당신의 글을 빛나게 하지

Man에 대해 쓰지 말고, man에 대해 써라

인간은 언제 공포를 가장 많이 느낄까? 1위는 '남들 앞에서 말할 때'라고 한다. 아무리 아는 것이 많고 공부를 많이 한 사람도 보는 눈이 많으면 긴장한다. 그런데 '자기 경험'을 말하는 자리라면 어떨까? 거창한 인사이트가 없어도 되는, 정말 경험만 말해도 박수를 받는 자리라면? 확실히 덜 떨린다.

글도 마찬가지다. 백과사전과 전문 서적 등 몇 분야를 제외하고, 경험이 들어가지 않는 글은 없다. 그런데 입으로는 수다도 떨고, 농담도 하면서 자기 경험을 표현하는 것이 자연스러운데, 글은 어쩐지 더 거창하고 멋있어야만 할 것 같다. 그래서 글 앞에만 서면 나의 경험은 자꾸 작아진다.

결론부터 말하면 경험만이 당신의 글을 빛나게 해 줄 수 있다. 당신의 경험과, 나아가 당신이 더 특별해진다. 글을 쓰고 싶을 때 자신의 경험만큼 좋은 소재는 없다. 경험을 쓰면 위축되었던 어깨가 펴지고 글의 순서는 제자리를 찾을 것이며, 손과 눈은 자판을 날아다닐 것이다.

미국의 저술가 E. B. 화이트는 "추상적인 인류(Man) 전체에 대해 쓰지 말고 구체적인 한 사람(man)에 대해 써라."라고 말했다. 누군가에 대해 쓸 수 있는 기회를 놓치지 말자. 누군가에게 쓸 수 있는 시간을 잡아 보라. 누군가를 좋아했던 경험, 누군가에게 버림을 받았던 경험, 썸과 이별의 경험이 당신의 글을 빛나게 해 준다. 그리고 나면 다른 것도 쓰고 싶은 순간이 온다. 솔직히 100% 보장은 못 하지만!

너에게 반해, 쓰

자신을 표현하고 싶어 죽겠는 마음은 누구도 못 말린다. '나'에 대해서 주절주절 떠들어 보자. 차마 말하지 못한 '나'를…. 장담하건데, 우리는 이 땅에 우리를 드러내려고 태어났다.

when 도무지 썸에서 연애로 넘어가지 않을 때,

무늬만 사귀고 있다는 느낌이 들 때.

사랑이 쓸_{bitter} 때 써라_{write}

한 사람의 말과 글을 알아 간다는 것

우리는 살아 있는 한, 말과 글 속을 영원히 헤맬 것이다. 누군가와 관계를 맺으며 살아가는 한, 각각의 관계에서 비롯되는 말과 글의 기쁨을, 때론 괴로움을 안고 살아간다. 또한 다양한 관계에서 살아가는 만큼 그들과 나누는 말과 글도 여러 가지일 터, 기쁨과 괴로움의 맛과 형태도 각양각색일 것이다.

말과 글을 배우는 최고의 연습장은 '사람과의 만남'이다. 그 관계가 좋아하고 사랑하는 사이라면, 꽤 까다롭지만 즐겁게 연습할 수 있다. 우리의 가슴을 뛰게 하고 별일 아닌 일에도 배시시 웃게 하다가, 끝내는 가장 크게 울리는 사람과 나누는 말과 글은 어떤 모습이어야 할까? 우리는 지금, 그것을 제대로 나누고 있을까? 혹시 그것 때문에 혹독한 전쟁을 치르고 있는 중인가?

우리는 연인과 카페에 앉아 이야기를 나누고, 긴 밤 수화기를 붙들고 낄낄거리기도 한다. 하루에도 수십 통의 문자 메시지와 이모티콘을 주고받는다. 특별한 날 카드나 편지를 쓰기도 한다. 표정과 행동만으로도 마음을 전하며, 갑작스런 침묵과 맞닥뜨리기도 한다. 그것은 다시없을 최고의 '말과 글'이다. 한 사람의 말과 글을 알아듣는 것, 또한 한 사람만을 위한 특별한 말과 글을 내뱉는다는 것은 인생에서 아주 특별한 경험이기 때문이다.

우리는 앞으로도 그 사람의 말과 글 속을 헤맬 것이다. 그 사람도 나의 말과 글 속을 헤맬 것이다. 지금 서로의 말과 글 속을 헤매고 있다면 그대로 만끽하시라! 그리고 사랑이 쓸bitter 때 써라write. 쯥!

너에게 반해, 쓺

연인에게 "편지 받고 싶어." 하고 말하면 상대는 어떤 표정을 지을까? 대답은 대략 두 가지로 압축된다. "나 글 못 써." 또는 "편지?"라고 되묻기. 그럴 때는 내가 먼저 써 보자. 곧 답장이 올 것이다.

when 사귀고 있지만 감정적 교류가 부족할 때, 대화가 잘 안 될 때, 서로의 이야기를 다 안다고 생각할 때, 최근 다툼이 잦아졌을 때.

이 책의 수록 작품 및 작문법

수록 작품	글쓰기 방법	표현 방법
작자 미상 〈바람도 쉬어 넘고〉	좋은 글의 요건	언어의 기능
작자 미상 《춘향전》	글의 처음과 끝(구조)	문장 변화법
민요 〈사랑가〉	이야기의 구성 단계	종결 어미의 종류
임제 〈북창이 맑다커늘〉	내용 조직: 통일성과 긴밀성	비유하기
한우 〈어이 얼어 잘이〉	요약하기	묘사하기
황진이 〈동짓날 기나긴 밤의〉	목차 만들기	오감 표현하기
서경덕 〈마음이 어린 후이니〉	제목 만들기	언어유희
김유정 《동백꽃》	첫 문장과 끝 문장 쓰기	반언어와 비언어
이효석 《메밀꽃 필 무렵》	어휘력 키우기	관찰하기

부분 인용 작품	문법	기타
오가와 요코 《박사가 사랑한 수식》	바른 문장 쓰기	경청하기
케이트 뱅크스 《낱말 수집가 맥스》	퇴고하기	질문하기
정현종 〈방문객〉	맞춤법	갈등 해결하기
헤밍웨이 《노인과 바다》	문장 부호	
알랭 드 보통 《나는 왜 너를 사랑하는가》